FRANCIS CHAN & LISA CHAN

Du + ich in Ewigkeit

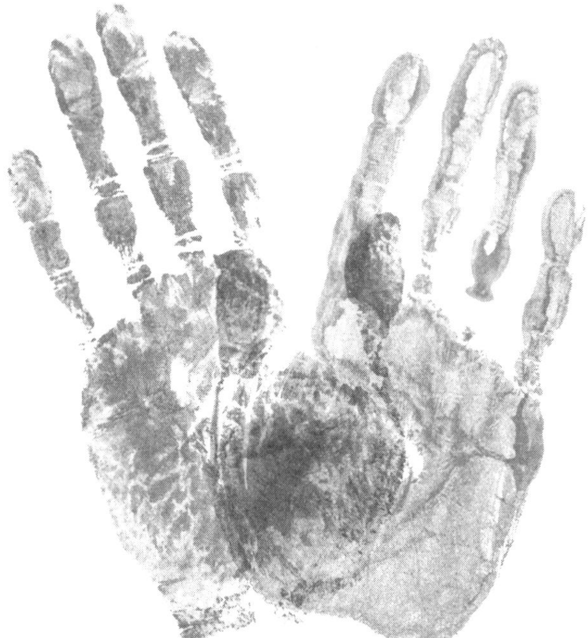

Wie der Himmel unsere Ehe revolutioniert

LUQS VERLAG
francke

This book was first published in English under the title *You and me FOREVER*
in the United States by
Claire Love Publishing, 4100 3rd Street, San Francisco, CA

Internet: www.luqs.de E-Mail: info@luqs.de

1. Auflage, August 2015
ISBN 978-3-940158-43-7 (LUQS)
ISBN 978-3-86827-547-6 (Francke)

Übersetzung: Ulrike Chuchra, M. A.
Lektorat: Eva Heuser
Umschlaggestaltung: Dann Petry
Foto des Autorenteams: Tamiz Photography

Printed in Czech Republic

Für Rachel, Mercy, Eliana, Ezekiel und Claire. Ihr seid die großartigsten Kinder, die wir uns vorstellen können. Dank Jesus werden wir eines Tages für immer zusammen sein.

Inhalt

Einführung: Für immer glücklich – nur, wie geht das? 7

Die Ehe ist nicht das Größte: Ehe und die Herrlichkeit Gottes . . 18

Die vollkommene Ehe anstreben: Ehe und das Evangelium . . . 42

Lernen Sie, gut zu kämpfen: Ehe und das Beispiel Christi 69

Die Ehe nicht vergeuden: Ehe und unser Auftrag 103

Gibt es Hoffnung für uns? Ehe und die Verheißungen Gottes . . 144

Was ist wirklich das Beste für die Kinder? Erziehung, die Gott ehrt 166

Das erstaunliche Rennen: Zum Schluss 204

Danksagung 214

Einführung

FÜR IMMER GLÜCKLICH – NUR, WIE GEHT DAS?

Ich liebe Lisa Chan. Es gibt keinen Menschen, den ich mehr liebe. Wir verliebten uns Hals über Kopf ineinander und heirateten 1994. Nach zwanzig Jahren Ehe und mit fünf Kindern wächst unsere Liebe immer noch. Tag für Tag steht sie mir treu zur Seite – sie liebt mich, ermutigt mich und fordert mich heraus. Sie ist meine beste Freundin. Unser gemeinsames Leben ist großartig. Und das Beste kommt noch, davon bin ich überzeugt.

Auch in diesem Moment bemühe ich mich darum, dass meine Familie gut auf die Zukunft vorbereitet ist. Meistens sprechen die Menschen, die so etwas sagen, von der finanziellen Absicherung ihrer letzten Jahre auf der Erde. Ich dagegen beziehe mich auf die Millionen Jahre, die danach kommen. Einige Leute werfen mir vor, dass ich maßlos übertreibe, wenn ich mich auf meine ersten zehn Millionen Jahre in der Ewigkeit vorbereite. Ich denke jedoch, dass es maßlos übertrieben ist, wenn Menschen sich über ihre letzten zehn Jahre auf der Erde Sorgen machen.

Ich stelle mir vor, wie es sein wird, wenn Lisa Gott von Angesicht zu Angesicht gegenübersteht. Die Bibel versichert uns, dass das tatsächlich geschehen wird. Eines Tages wird meine Frau vor dem Schöpfer und Richter aller Dinge stehen. Was für ein überwältigender Augenblick wird das sein! Ich glaube nicht, dass irgendjemand von uns wirklich für den Schock bereit ist, der uns an diesem Tag versetzt wird, aber die Bibel fordert uns auf, unser Leben zur Vorbereitung darauf zu nutzen.

Damit will ich nicht ausdrücken, dass wir uns abmühen sollen, um von Gott angenommen zu werden. Das wäre eine Irrlehre. Wir sind bei ihm willkommen, wenn wir auf das vertrauen, was Jesus am Kreuz getan hat (Johannes 3,16; Epheser 2,1-9; 2. Korinther 5,21). Sein Werk – nicht unseres – entscheidet über unser ewiges Schicksal. Die Bibel sagt uns ganz deutlich, dass wir uns mit guten Werken keinen Platz in seinem Reich verdienen können; auf den lebendigen, aktiven Glauben an Jesus kommt es an. Wer Christus nachfolgt, kann diesem letzten Tag mit großer Zuversicht, ja sogar mit Vorfreude entgegensehen (2. Petrus 3,11-12). Und trotzdem hat uns die Bibel viel über die Vorbereitung auf diesen Tag zu sagen – wir sollen an unserem Heil „arbeiten" (Philipper 2,12-13; Hoffnung für alle).

Weil ich verrückt nach Lisa bin, wünsche ich ihr ein großartiges Leben. Aber noch mehr wünsche ich ihr eine großartige Ewigkeit. Ich möchte, dass sie ohne Bedauern auf ihr Leben zurückschauen kann. Sie soll die Gewissheit haben, dass die Zeit, die sie auf der Erde verbracht hat, eine Vorbereitung für den Himmel war. Am wichtigsten ist mir, dass sie Gott sagen hört: „Du bist ein tüchtiger und treuer Diener. Du hast dich in kleinen Dingen als zuverlässig erwiesen, darum werde ich dir auch Größeres anvertrauen. Komm zum Freudenfest deines Herrn!“ (Matthäus 25,23; Gute Nachricht Bibel).

Denken Sie an all die Auszeichnungen, Beförderungen, die Anerkennung und Erfolge, die Sie in Ihrer Lebenszeit gern erreichen würden. Steigern Sie sich ruhig in die Vorstellung hinein, wie wunderbar all das wäre. Und dann sagen Sie mir: Was könnte besser sein, als in den ersten Augenblicken der Ewigkeit jene Worte von Jesus zu hören?

Als Lisa und ich anfingen, mit Blick auf die Ewigkeit zu leben, geschah etwas Merkwürdiges: Dadurch freuten wir uns am Hier und Jetzt! Viele werden Ihnen raten, sich auf die Ehe zu konzentrieren oder auf den Ehepartner, aber wir entdeckten, dass aus unserer Ehe gerade dann etwas ganz Wunderbares wurde, als wir uns auf Gottes Auftrag konzentrierten. Es führte dazu, dass wir tiefe Erfahrungen mit Jesus machten – und was könnte es Besseres geben?

Die Ausrichtung auf die Ewigkeit hält uns von albernen Diskussionen ab. Wir haben keine Zeit für Streitereien. Für uns gibt es wichtigere Ziele als die eigenen Interessen. Es steht zu viel auf dem Spiel! Gott hat uns zu einem bestimmten Zweck geschaffen. Wir können es uns nicht leisten, unser Leben zu vergeuden. Wir können es uns nicht leisten, unsere Ehe zu vergeuden, indem wir nur dem eigenen Glück nachjagen.

Sechzehn Jahre dienten wir in einer Gemeinde als Pastoren und haben voll Begeisterung miterlebt, wie Ehepaare aufgrund ihrer Hingabe an Jesus radikale Entscheidungen trafen. Es war aufregend zu sehen, wie sie sich von einer Vision anstecken ließen und gesegnet wurden. Zusammen mit diesen gottesfürchtigen Paaren freuten wir uns an Jesus und tragen viele kostbare Erinnerungen daran in uns.

Auf der anderen Seite betrübte es uns zu sehen, dass andere Paare nur ihr Glück im Sinn hatten und ihren Auftrag auf der Erde vernachlässigten. Wir betreuten viele Menschen in der Seelsorge, die frustriert waren, weil sie die Bibel zum Maßstab für ihr Leben machen wollten, während ihr Ehepartner dagegen war. Ich kann Ihnen nicht sagen, wie sehr wir mit den Männern und Frauen litten, denen Gottes Segen und Absicht für die Ehe entging. Diese Traurigkeit ist einer der Gründe, warum Lisa und ich uns gedrängt fühlten, dieses Buch zu schreiben.

Der Kummer dieser Paare weckt unser Mitgefühl, ja, er bricht uns das Herz. Aber noch mehr bedrückt uns die Auswirkung dieser Haltung auf Gottes Reich. Wir sind traurig, weil gottesfürchtige Ehen Gottes geniale Schöpfung verherrlichen, es aber nur wenige Ehen gibt, die diese Herrlichkeit widerspiegeln. Wir sind traurig über den Sieg, den der Satan genießt, wenn er Ehepaare sieht, die sich Christen nennen und dabei ein träges, selbstbezogenes Leben führen. Es betrübt uns zutiefst, dass so viele sich lieber scheiden lassen, als unserem König zu gehorchen. Der traurige Zustand der Ehe lässt die Braut Christi schmutzig und unattraktiv aussehen. Wir schreiben in der Hoffnung, etwas daran ändern zu können.

In letzter Zeit sind wir vielen Alleinstehenden begegnet, die sich vor der Ehe fürchten. Sie haben miterlebt, wie Bekannte, die Christus begeistert nachgefolgt sind, geheiratet haben. Doch dann waren sie entweder völlig fixiert auf ihr eigenes Familienleben oder es folgten endlose Auseinandersetzungen und Ehetherapien. Wir schreiben dieses Buch, weil wir sagen wollen, dass das nicht sein muss. Zusammen können Sie mehr bewirken als allein. In einer wirklich gesunden Beziehung befähigen wir uns gegenseitig, mehr zu erreichen, als wir alleine hätten schaffen können. Das war Gottes Plan.

Wir sind sehr dankbar, dass Gott uns erlaubt hat, zusammen an diesem Buch zu arbeiten. Für uns ist es eine Ehre, uns gemeinsam unseres Gottes zu rühmen. Die Erfindung der Ehe war eine hervorragende Idee. Wir beten dafür, dass es uns gelingt, ein wenig Licht darauf zu werfen, wie schön die Ehe sein kann.

Doch ich möchte Sie warnen: Eine Ehe, die auf Christus und die Ewigkeit ausgerichtet ist, ist nicht das Gleiche wie eine Ehe, die den Spaßfaktor ins Zentrum rückt. Lisa und ich haben zusammen irre viel Spaß, aber wir treffen auch schmerzhafte Entscheidungen, von denen wir wissen, dass sie richtig sind. Christus hat uns das Leben in ganzer Fülle versprochen (Johannes 10,10), aber das ist nicht immer gleichbedeutend mit Vergnügen. Manche Wahrheiten, die wir auf diesen Seiten weitergeben, werden schmerzhaft für Sie sein. Aber schwere Entscheidungen, die zu Gottes Ehre getroffen werden, bewirken einen guten und richtigen Schmerz, einen Schmerz, den Gläubige in dieser gefallenen Welt aushalten müssen. Es ist ein Schmerz, der uns stärker und heiliger macht und unsere Liebe zu Gott und zu unserem Ehepartner vertieft. Jedes Leiden um seinetwillen erinnert uns an unsere Zukunft, in der alles Leid in Herrlichkeit verwandelt wird.

Unzählige Ehebücher vermitteln, wie man gut miteinander auskommt und gemeinsam glücklich wird. Dieses Buch gehört nicht dazu. Ich möchte diese Ratgeber gar nicht abwerten: Tatsächlich habe ich im Lauf der Jahre viele hilfreiche Prinzipien durch sie gelernt. Problematisch an diesen Büchern ist aber, dass sie den Eindruck vermitteln können, beim Christsein käme es in erster Linie darauf an, eine glückliche Familie zu haben. Gottes Herrlichkeit und seine Mission verblassen dabei zur Nebensächlichkeit. So wird man verleitet, das sofortige statt des endgültigen Glücks anzustreben. Um es auf den Punkt zu bringen, diese Bücher tragen nicht der Tatsache Rechnung, dass man auf Erden eine glückliche Ehe führen und dann eine Ewigkeit lang unglücklich sein kann. In unserem Buch geht es darum, wie man einander *für immer* lieben kann.

Ich liebe meine Frau. Ich liebe die Ehe. Ich liebe *die Liebe.* Sie alle verweisen auf die unübertreffliche Meisterschaft Jesu, der sie erschaffen hat. Ich vermute mal, dass Sie dieses Buch lesen, weil sie entweder verliebt sind oder es gern wären. Ich bete darum, dass Sie dem Heiligen Geist erlauben, Sie in eine ewige Liebe zu führen – eine Liebe, die Jesus jetzt und in Ewigkeit verherrlicht.

Vater, hilf uns weise zu sein, wenn wir lieben.

HOFFENTLICH MEHR ALS NUR EIN BUCH

Lisa und ich wünschen uns, dass dieses Buch auf jeden Fall Ihre Ehe und möglicherweise auch Ihr Leben in der Ewigkeit verändert. Jeder von uns hat schon Bücher gelesen, die gut und informativ waren, aber nicht unser Leben verändert haben – vor allem in unserer Zeit, wo wir leichter Zugang zu Informationen haben als je zuvor. Ein ständiger Strom von Informationen fließt durch unser Gehirn, aber viele von uns nehmen sich nicht die Zeit, um über das Gelesene nachzudenken und es anzuwenden. Aus diesem Grund geben wir Ihnen hier Gelegenheiten zum Lesen, zum Nachdenken und zum

Handeln. Wir möchten, dass Sie Gott erleben und nicht nur etwas über ihn erfahren.

Sie werden beim Lesen feststellen, dass meistens ich – Francis – zu Ihnen spreche, obwohl wir viele der Gedanken gemeinsam entwickelt haben. Jedes Kapitel enthält aber auch einen Teil, den Lisa allein verfasst hat. Zusätzlich zu diesem Buch haben wir kurze Filme gedreht. Da es Lisa und mir leichter fällt zu reden als zu schreiben, drücken wir die Gedanken, die sich vielleicht nicht gut in Textform hätten übertragen lassen, in ein paar witzigen, kreativen Videos aus. Wir hoffen, dass die Videos noch deutlicher machen, was wir Ihnen mit diesem Buch sagen möchten. Außerdem geben sie Ihnen Einblicke in unser Familienleben. Die Videos finden Sie online auf www.luqs.de/?p=1929

GANZ WICHTIG …

Wenn Sie die folgenden Kapitel lesen, werden Sie sehen, dass wir Sie am Ende jedes Kapitels aufrufen zu handeln. Das ist ganz entscheidend. Wenn Sie nicht umsetzen, was Sie erfahren haben, richtet dieses Buch mehr Schaden an, als dass es Segen bringt.

> Sie hätten sich nicht schuldig gemacht, wenn ich nicht gekommen wäre und zu ihnen gesprochen hätte. Doch so haben sie keine Entschuldigung mehr für ihre Sünde. (Johannes 15,22)

Christen in den USA sind Experten darin geworden, die richtigen Überzeugungen zu haben – doch bei der Umsetzung versagen sie. Die ersten Christen dagegen handelten schnell. Denken wir an Pfingsten

(Apostelgeschichte 2): Die Menschen hören Petrus' Predigt und fragen sofort: „Was sollen wir tun?" Und Petrus antwortet darauf: „Kehrt euch ab von euren Sünden und wendet euch Gott zu. Lasst euch alle taufen." Wie reagieren sie darauf? Dreitausend Menschen gehen direkt zum Wasser, um sich taufen zu lassen. Und genau so soll es sein. Wenn wir von einer Botschaft überführt werden, sollen wir fragen: „Wie muss ich auf diese Wahrheit reagieren? Was soll ich tun?"

Wir haben uns ein paar praktische Schritte überlegt, aber nur als Vorschlag. Denn wir maßen uns nicht an, genau zu wissen, zu welcher Reaktion Gott Sie ruft. Wenn Sie ganz genau wissen wollen, was *Sie* tun sollen, können wir nur sagen: *irgendetwas!* Wir können unmöglich wissen, wie der nächste Schritt für Sie aussieht, aber wir können Ihnen garantieren, dass es einen gibt. Gar nichts zu tun ist das Schlimmste, was Sie machen können.

> Aber es reicht nicht, nur auf die Botschaft *zu hören* – ihr müsst auch danach handeln! Sonst betrügt ihr euch nur selbst. (Jakobus 1,22; Hervorhebung vom Autor)

Vor Kurzem las ich einen Artikel über die dicksten Menschen der Welt – Menschen, die über fünfhundert Kilo wiegen und sich zu Tode essen. Ab einem gewissen Punkt konnten sie nicht mehr laufen. Am Ende mussten sie im Bett liegen und waren davon abhängig, von anderen gefüttert zu werden, weil sie sich nicht mehr selbst versorgen konnten.

Mich hat das an etliche Menschen erinnert, denen ich in der Gemeinde begegne. Sie nehmen jede Woche noch mehr Wissen in sich auf. Sie besuchen Gottesdienste, schließen sich Bibelgesprächskreisen an, lesen christliche Bücher, hören Predigten im Internet

– und sind davon überzeugt, dass sie immer noch mehr Wissen brauchen. In Wirklichkeit brauchen sie nichts dringender als *die Tat.* Sie benötigen kein weiteres Überangebot an Lehre. Was ihnen fehlt, ist die praktische Umsetzung. Sie müssen das abarbeiten, was sie bereits konsumiert haben. Manche Menschen haben sich so daran gewöhnt, das Wort Gottes aufzunehmen, ohne es anzuwenden, dass man sich fragt, ob sie überhaupt in der Lage dazu sind. Geistlich gesehen sind sie bettlägerig und darauf beschränkt, den Rest ihres Lebens die Bibel zu studieren, ohne jemals Menschen für Jesus zu gewinnen oder sich spürbar um andere zu kümmern. Von diesen Menschen spricht Jakobus, wenn er fragt:

> Liebe Brüder, was nützt es, wenn jemand von seinem Glauben spricht, aber nicht entsprechend handelt? Ein solcher Glaube kann niemanden retten. (Jakobus 2,14)

Manchmal sind Menschen wie gelähmt aus Angst zu versagen. Sie haben solche Angst, das Falsche zu tun, dass sie gar nichts tun. Wir müssen es lernen zu handeln und dabei Fehler zu machen, denn wir tendieren zur Unterlassung. Viele sind nicht bereit, irgendetwas zu tun, solange nicht eine Stimme vom Himmel kommt und ihnen genaue Anweisungen gibt. Warum machen wir es nicht andersherum: Wir werden aktiv, es sei denn, wir hören eine Stimme vom Himmel, die uns auffordert zu warten? Zum Beispiel: Warum sollten wir nicht davon ausgehen, dass es richtig ist, ein Kind zu adoptieren, solange wir keine Stimme hören, die Nein dazu sagt? Wäre das nicht biblischer, wo Gott uns doch sagt, dass er geehrt wird, wenn jemand Witwen und Waisen beisteht (Jakobus 1,27)?

Ein Grund, warum wir keinen Fehler machen wollen in dem, was wir tun, ist die harte Kritik, die wir einstecken müssen, wenn wir versagen. Menschen sind schnell dabei, Aktionen zu bemängeln, die nicht gut ausgehen. Aber die Sünde der Unterlassung wird kaum jemals gesehen. Wir kritisieren den Mann, der den verhungernden Kindern zu viel Zucker gibt, und sagen nichts über Tausende, die ihnen gar nichts geben.

Der Diener, der das Geld seines Herrn vergrub, anstatt es wie die anderen Diener zu investieren, ersparte sich die Peinlichkeit eines misslungenen geschäftlichen Unternehmens. Doch seine Feigheit brachte ihm den schlimmsten Vorwurf ein: Sein Herr nannte ihn unzuverlässig, faul und einen Taugenichts (Matthäus 25,24-30). Sicher wollen Sie nicht der Diener sein, der aus Angst, es zu vermasseln, gar nichts tut. Es kann schon sein, dass man mit einer irregeleiteten Aktion einen Fehler macht, aber man macht garantiert einen Fehler, wenn man überhaupt nichts tut.

Lisa und ich haben Fehler gemacht, weil wir zu schnell gehandelt haben. Wie damals, als wir eine obdachlose Frau trafen, die drei Kinder hatte und mit dem vierten schwanger war. Wir entschlossen uns schnell, sie bei uns aufzunehmen. Ihre Kinder waren nicht zu bändigen und unsere eigenen Kinder litten unter ihnen. Sie verbreiteten Chaos in unserem Haus und schienen aus ihrer Zeit bei uns nichts zu lernen. Dann fanden wir heraus, dass die Frau nur deshalb obdachlos war, weil sie sich weigerte, sich ihrem Mann anzuschließen, der sie liebte und mit ihr zusammen sein wollte.

Es war vielleicht ein Fehler, aber wir bereuen es nicht, den Versuch gemacht zu haben. Unser Leben ist eine Ansammlung von Erfolgen und Niederlagen. Uns erscheint das besser, als auf Nummer sicher zu gehen und nichts zu tun. Wir haben bestimmt zehnmal mehr Fehler gemacht, indem wir nicht gehandelt haben, als es nötig gewesen wäre. Darum sage ich Ihnen heute: Tun Sie *etwas*. Jeder von uns macht Fehler. Machen Sie sie lieber durch Ihr Handeln als durch Ihr Nichtstun.

Die Ehe ist nicht das Größte

EHE UND DIE HERRLICHKEIT GOTTES

Genau jetzt, während Sie das hier lesen, sieht Ihnen jemand zu. Stellen Sie sich das einmal vor! Der Gott, der Ihnen das Leben verliehen hat, sieht jede Ihrer Bewegungen, hört jedes Ihrer Worte und kennt jeden Ihrer Gedanken. Und das ist etwas Gutes. Sie werden von Gott gesehen. Wahrgenommen. *Erkannt.*

Gott sprach und die Welt entstand. Gott sprach und die Welt wurde durch eine Flut vernichtet. Eines Tages wird Gott das einzige Urteil sprechen, das von Bedeutung ist, wenn er über jeden Menschen Gericht hält. Das ist der Gott, der Sie kennt, in exakt diesem Moment. Das ist der Gott, dessen Blick auf Sie gerichtet ist, während Sie diese Zeilen lesen.

Ich weiß, das hier soll eigentlich ein Buch über die Ehe sein, aber vergessen Sie einen Moment lang die Menschen. Konzentrieren wir uns auf etwas Größeres: Gott. Konzentrieren wir uns auf etwas

Wichtigeres: Ihre Beziehung zu Gott. Diese Beziehung hat viel größere Bedeutung als Ihre Ehe und sie ist von ewiger Dauer.

Es wird Sie vielleicht schockieren, aber Jesus lehrte, dass die irdische Ehe im Himmel keinen Bestand mehr hat. In Matthäus 22 wird Jesus zum hypothetischen Fall einer Witwe befragt, die mehrmals erneut heiratet. Die damaligen religiösen Führer wollten von Jesus wissen, mit welchem Mann die Frau im Himmel verheiratet sein wird. Jesus antwortete:

> ... wenn die Toten auferstehen, werden sie nicht verheiratet sein. Sie werden sein wie die Engel im Himmel. (Matthäus 22,30)

Vielleicht fällt es Ihnen schwer, diese Aussage zu akzeptieren. (Ich hoffe, Sie freuen sich nicht darüber ...) Ich kann es mir kaum vorstellen, eines Tages nicht mehr mit Lisa verheiratet zu sein, aber zwei Überlegungen trösten mich. Erstens bedeutet dies nicht, dass Lisa und ich uns im Himmel nicht mehr von Herzen lieben werden. Ich vermute, dass ich Lisa sogar näher sein werde, wenn unser Körper verherrlicht ist und keine Sünde mehr an sich trägt. Zweitens werde ich in einer Gemeinschaft mit Gott leben, die garantiert besser ist als jede menschliche Nähe, die ich jetzt vielleicht kenne. Ich vertraue Gott, dem Erfinder der Ehe, wenn er uns eine bessere Zukunft verspricht.

Jeder von uns muss seine ewige Beziehung zu seinem Schöpfer höher bewerten als alles andere. Außerdem gilt: Solange die Beziehung zu Gott nicht in Ordnung ist, kann man anderen Menschen keine große Hilfe sein. Menschen, die selbst kein gutes Leben führen, verschlimmern die Sache noch, wenn sie sich zusammentun.

Wenn aber zwei Menschen zusammenkommen, deren Beziehung zu Gott in Ordnung ist, dann wird auch ihre Beziehung untereinander in Ordnung sein. In meinem über 20-jährigen Dienst als Pastor bin ich zu dem Schluss gekommen, dass die meisten Probleme in der Ehe gar keine Eheprobleme sind. Es sind Probleme mit Gott. Sie lassen sich darauf zurückführen, dass einer der Partner – oder beide – ein schlechtes Verhältnis zu Gott oder ein falsches Verständnis von ihm hat. Ein wahrheitsgetreues Gottesbild ist eine Grundvoraussetzung für eine gesunde Ehe. Es ist die Grundvoraussetzung für alles. A. W. Tozer schreibt: „Würde man uns auf einen Schlag mit allen Problemen des Himmels und der Erde konfrontieren, so wären diese unerheblich, verglichen mit der alles überragenden Frage nach Gott: seiner Existenz, seinem Wesen und den Aufgaben, die wir als sittliche Wesen ihm gegenüber haben."[1]

Jetzt wo Ihnen klar ist, dass es in diesem Kapitel um Gott und nicht um die Ehe geht, sind Sie vielleicht versucht, bis dahin weiterzublättern, wo es endlich „zur Sache" geht. Schließlich haben Sie kein Problem mit Gott und wollen nur etwas für Ihre Ehe tun. Aber seien Sie nicht dumm. Gehen Sie nicht einfach davon aus, dass zwischen Ihnen und Gott alles stimmt. Selbstgefälligkeit können wir uns in dieser Beziehung nicht leisten.

Fast jeder, der mir begegnet, glaubt, er würde im Himmel landen. Auf jeder Beerdigung, an der ich teilnehme, wird in der Grabrede erklärt, der Verstorbene sei jetzt „an einem besseren Ort". Aber wenn das stimmt, warum spricht Jesus dann von einem engen Tor und einem schmalen Weg?

---

1 A. W. Tozer: *Das Wesen Gottes*. Holzgerlingen: Hänssler, 2. Aufl. 2001, Seite 12

> Ihr könnt das Reich Gottes nur durch das enge Tor betreten. Die Straße zur Hölle ist breit und ihre Tür steht für die vielen weit offen, die sich für den bequemen Weg entscheiden. Das Tor zum Leben dagegen ist eng und der Weg dorthin ist schmal, deshalb finden ihn nur wenige. (Matthäus 7,13-14)

Jesus drückt sich klar aus: Nicht jeder ist auf dem Weg zum ewigen Leben. Nur wenige finden ihn.

Statt uns also auf die Symptome einer ungesunden Ehe zu stürzen, wollen wir uns auf etwas Grundsätzlicheres konzentrieren. Auf etwas, das im Zentrum unserer Ehe stehen muss, denn es lässt sie wunderbar werden – oder aber zerstörerisch. Fangen wir dort an, wo laut der Bibel der Anfang zu suchen ist:

> Ehrfurcht vor dem Herrn ist der Anfang wahrer Weisheit. (Psalm 111,10)
>
> Die Ehrfurcht vor dem Herrn ist der Anfang der Erkenntnis. (Sprüche 1,7)
>
> Die Ehrfurcht vor dem Herrn schenkt Leben. (Sprüche 19,23)

EHRFURCHT VOR GOTT

Ich schätze, diese Worte haben Sie in einem Ehebuch nicht erwartet. Aber nichts könnte grundlegender für eine Ehe sein. Ohne gesunde Ehrfurcht vor Gott werden wir das Leben und die Liebe nicht in ihrer ganzen Fülle genießen können. Wenn sie fehlt, werden wir komplett falsche Prioritäten setzen. Doch wenn eine gesunde Ehrfurcht vor

Gott die Grundlage unseres Daseins ist, können wir ein herrliches Leben und eine wunderbare Ehe darauf aufbauen.

> Der Herr hat Gefallen an denen, die ihn fürchten. (Psalm 147,11; Elberfelder)

> Habt keine Angst vor denen, die euch umbringen wollen. Sie können nur euren Körper töten; eure Seele ist für sie unerreichbar. Fürchtet allein Gott, der Leib und Seele in der Hölle vernichten kann. (Matthäus 10,28)

Die meisten Menschen unterschätzen, wie furchterregend es sein wird, Gott zu sehen. Es wird ohne Zweifel der größte Schock Ihres Lebens sein. Und wir dürfen die Tatsache nicht ignorieren, dass dieser Moment jederzeit eintreten kann. Was glauben Sie, wie Sie sich bei dieser Begegnung fühlen werden? Ich kann Ihnen ziemlich sicher garantieren, dass Sie dabei nicht an Ihre Familie denken werden.

Wir können zwar nicht mit Gewissheit sagen, wie wir uns fühlen werden, aber die Bibel erzählt uns, wie andere Menschen reagierten, als sie einen kurzen Blick auf Gott erhaschten. Da war zum Beispiel Johannes, der wie tot zu Boden fiel (Offenbarung 1,17). Oder Jesaja, der sich selbst verfluchte und seine eigene Sündhaftigkeit gestand (Jesaja 6,5). Oder Hiob, der im selben Moment erkannte, wie dumm er gewesen war. Er sagt:

> Bisher kannte ich dich nur vom Hörensagen, doch jetzt habe ich dich mit eigenen Augen gesehen. Darum widerrufe ich, was ich gesagt habe, und bereue in Staub und Asche. (Hiob 42,5-6)

Jede Reaktion ist unterschiedlich, doch alle zeichnen sich durch Angst und Ehrfurcht aus. Es wäre töricht zu meinen, bei uns würde es anders.

Und das ist nicht nur eine alttestamentliche Sichtweise. Wenn wir Jesaja 2,17-19 mit Offenbarung 6,15-16 vergleichen, wird deutlich, dass Gott im Neuen Testament nicht weniger furchteinflößend ist.

> Die Überheblichkeit des Menschen wird erniedrigt und der Hochmut der Männer gedemütigt werden. Dann wird der Herr allein erhöht sein! Die Götzen dagegen werden alle verschwinden. Wenn der Herr sich erhebt, um die Erde zu erschüttern, wird man sich vor dem Schrecken des Herrn und der Herrlichkeit seiner Majestät in Felsenhöhlen und Erdlöchern verkriechen. (Jesaja 2,17-19)

> Da versteckten sich die Könige der Erde, die Herrscher, die Befehlshaber, die Reichen, die Machthaber und auch alle Sklaven und Freien in den Höhlen und zwischen den Felsen der Berge. Und sie riefen den Bergen und den Felsen zu: „Fallt auf uns und verbergt uns vor dem Angesicht dessen, der auf dem Thron sitzt, und vor dem Zorn des Lammes. Denn der große Tag ihres Zorns ist gekommen, und wer wird ihn überleben?" (Offenbarung 6,15-17)

Es ist merkwürdig, aber mir begegnen selten Menschen, die über diesen Augenblick nachdenken. Liegt es daran, dass wir nicht wirklich glauben, dass das geschehen wird? Wir beschäftigen uns mit dem Urlaub, der vor uns liegt, und stellen uns vor, wie viel Spaß uns das machen wird. Wir denken an bevorstehende Herausforderungen und machen uns Sorgen, wie wir die Schwierigkeiten bewältigen können.

Warum denken wir nicht darüber nach, wie es sein wird, Gott das erste Mal zu sehen?

Ich versuche mir diesen Moment oft vor Augen zu halten, denn das hilft mir, mich auf das Wesentliche auszurichten. Aus diesem Grund stelle ich mir auch vor, wie es sein wird, wenn Lisa Gott das erste Mal sieht. Ich liebe sie und darum möchte ich, dass sie darauf vorbereitet ist.

Die meisten von uns werden schon in der Gegenwart bestimmter Leute nervös. Wie um alles in der Welt kann es da gelingen, sich auf die Begegnung mit dem vorzubereiten, der „in einem Licht wohnt, zu dem niemand kommen kann" (1. Timotheus 6,16)? Zum Glück wurde die Bibel genau zu diesem Zweck geschrieben.

DEN BLICK AUF GOTT HEFTEN

Als ich mich Lisa bei unserer ersten Begegnung vorstellte, war ich völlig eingeschüchtert. Zwanzig Jahre später hat sich das vollkommen geändert. Jetzt fühle ich mich in ihrer Gegenwart wohler als mit irgendjemand anderem auf der Welt. Die Zeit, die man mit einer Person zusammen verbringt, verändert alles. Eine Beziehung verändert alles.

In Offenbarung 4 spricht die Bibel von vier mächtigen Engeln, die vor Gott stehen. Es heißt in Vers 8: „Tag für Tag und Nacht für Nacht hören sie nicht auf zu rufen: ‚Heilig, heilig, heilig ist der Herr, Gott, der Allmächtige, der immer war, der ist und der noch kommen wird.'" Sie tun *nichts weiter* als Gott anzusehen und seine Heiligkeit auszurufen. Sie tun es in diesem Augenblick. Sie werden es tun, wenn Sie dieses Buch zur Seite legen, wenn Sie heute Abend ins

Bett gehen und wenn Sie morgen aufwachen. In Gottes Gegenwart zu stehen und seine Herrlichkeit zu rühmen, ist jeden Moment ihrer Zeit wert. Erscheint es Ihnen da nicht sinnvoll, wenigstens einen kleinen Teil Ihrer Zeit lang das Gleiche zu tun? Haben Sie das heute schon getan? Gott will, dass wir ihn anbeten und ihm den ganzen Tag lang danken (Epheser 5,18-20). Wenn wir unseren Blick nicht auf Gott heften, dann verbringen wir unsere Zeit damit, Geringeres anzustarren, nämlich uns selbst.

Diesen Fehler machen viele Paare. Sie verbringen viel Zeit damit, auf sich selbst und den Partner zu sehen, aber sie nehmen sich wenig Zeit, um unverwandt auf Gott zu schauen. Wenn sie darauf also ihr Augenmerk legen, fangen sie natürlich an, jeden Aspekt ihres Lebens auf die wenigen Jahre auszurichten, die sie gemeinsam auf der Erde haben, anstatt sich auf die Millionen Jahre zu konzentrieren, die sie in Gottes Gegenwart verbringen werden. Oder außerhalb seiner Gegenwart. Diese Menschen leben, als würden sie nie sterben. Sie leben, als würde der König nie zurückkehren. David wünschte sich nur eins:

> Eine einzige Bitte habe ich an den Herrn. Ich sehne mich danach, solange ich lebe, im Haus des Herrn zu sein, um seine Freundlichkeit zu sehen und in seinem Tempel still zu werden. (Psalm 27,4)

Das war's. Das war alles, was er von Gott wollte. Er wusste, dass das für jedes seiner Probleme die Lösung war.

Stellen Sie sich einen Moment lang vor, Sie würden vor Gottes Thron stehen. Einen Augenblick in seiner Gegenwart und alles andere wird klein und unbedeutend. Die Belanglosigkeit der Dinge, die unsere Aufmerksamkeit und unsere Emotionen in Beschlag genommen haben, wird entlarvt. Darum sagt David Gott, dass er nichts weiter will, als ihn jeden Tag zu sehen und seinen Blick fest auf ihn zu richten.

Wenn ich eine Abschrift Ihrer Gebete des vergangenen Monats sehen könnte, was würde als „das Eine" hervortreten, um das Sie immer wieder bitten? Überlegen Sie sich das einmal. Unsere Gebete verraten sehr viel über uns. Unsere Bitten zeigen, worauf wir Wert legen, und unser Ton verrät, wie wir über Gott denken.

> ... Gott ist im Himmel und du bist hier auf der Erde. Deshalb geh sparsam mit deinen Worten um! (Prediger 5,1)

Sie müssen nicht nach Gott suchen. Er ist jetzt, in diesem Moment, bei Ihnen. Nehmen Sie sich jetzt Zeit, bei *ihm* zu sein. Ihn anzuschauen. Ihn zu loben. Das ist vielleicht eine völlig neue Erfahrung für Sie. Gehen Sie dorthin, wo Sie allein mit ihm sind, und bitten Sie um nichts. Lesen Sie die Beschreibung Gottes in Offenbarung 4 und 5 und führen Sie sich Gott vor Augen, wenn Sie im Gebet in seine Gegenwart treten. Reden Sie nicht zu viel und erbitten Sie nicht zu viel. Denken Sie nur über ihn nach und sagen Sie ihm, wie sehr Sie ihn verehren. Schließen Sie die Augen und tun Sie das genau jetzt.

Haben Sie das gerade gemacht? Wenn ja, gehe ich davon aus, dass Sie einsehen, wie wichtig es ist, sich in erster Linie auf Gott zu konzentrieren. Wenn jeder verheiratete Mensch das regelmäßig täte, würden sich viele Probleme in Luft auflösen. Denn, ich wiederhole, unsere Eheprobleme sind nicht wirklich Probleme mit der Ehe. Es sind Probleme des Herzens. Probleme mit Gott. Unser Mangel an Vertrautheit mit Gott schafft eine Leere, die wir mit den allerschwächsten

Ersatzmitteln zu füllen versuchen – wie Reichtum oder Vergnügen. Wie Ruhm oder Anerkennung. Wie Menschen. Wie die Ehe.

Kaum jemand wird bestreiten, dass Ehen durch Selbstsucht zerstört werden. Es kommt immer wieder vor, dass wir unsere eigenen Ziele überbewerten und nicht darauf achten, was Gott und was andere wollen. Aber wir können unsere Ichbezogenheit nicht dadurch ablegen, dass wir versuchen uns selbst zu ignorieren. Die Lösung ist, fest auf Gott zu sehen. Wenn unser Blick wirklich auf ihn gerichtet ist, verliert alles andere an Gewicht und jede Sache rückt an ihren angemessenen Platz.

Sich auf Gott auszurichten schafft nicht nur Nähe zu ihm, sondern weckt auch neu unsere Ehrfurcht vor ihm. Manchmal ist das eine gesunde Furcht, die unsere Ehe schützt, wenn das Gefühl der Nähe zum Partner fehlt.

DIE EIGENE EHE SCHÜTZEN

Heutzutage ist vieles anders. Die Sünde ist leichter zugänglich und gesellschaftsfähiger geworden. Ich denke da an zwei bestimmte Bereiche, die beide tödlich sind für die Ehe: Pornografie und Flirten.

Als ich ein Kind war, musste ein Mann zur Theke gehen, um den Playboy zu kaufen und so wusste jeder im Laden, wie verdorben er war. Heute können Menschen auf ihren Smartphones unablässig Pornografie konsumieren, ohne dass jemand etwas davon merkt. Und viele halten das überhaupt nicht für krank, sondern für normal!

Als ich ein Kind war, konnte eine Frau mit einem Mann nur von Angesicht zu Angesicht flirten, in einem normalen gesellschaftlichen Rahmen. Auch hier standen dem Schamgefühle entgegen, denn man konnte von anderen beobachtet und als Flittchen oder Schlampe abgestempelt werden. Per Facebook und SMS können Frauen und Männer sich heute heimlich näherkommen, um die Lage zu sondieren. Und sowohl die Affären, die dadurch entstehen, als auch die Scheidungen, die daraus resultieren, gelten kaum mehr als anstößig. Auch nicht in der Gemeinde.

Manches jedoch ändert sich nie. Gott sieht immer noch, was geschieht. Und Gott hasst es immer noch – so sehr, wie zu allen Zeiten. Man mag heute die Mehrheit der Menschen auf seiner Seite haben, doch das gilt nicht für Gott. Ausreden wie „mein Mann schenkt mir keine Beachtung“ oder „meine Frau befriedigt meine Bedürfnisse nicht“ finden bei Gott immer noch kein Gehör. Nach wie vor ist der Satan Ursprung dieser Stimmen, die einem sagen, es sei in Ordnung – auch wenn es Freunde, Seelsorger oder Pastoren sind, denen diese Stimmen gehören.

Und die Antwort auf die Sünde ist immer noch dieselbe: Fürchten Sie Gott. Die Liebe zu Ihrer Familie reicht nicht immer aus, um Ihre Familie vor Ihrer eigenen Sündhaftigkeit zu schützen. Doch die tief verwurzelte Gewissheit, dass ein heiliger Gott auf Sie blickt, wird Sie in den verlockendsten Versuchungen vom Bösen abhalten.

> Täuscht euch nicht! Macht euch klar, dass ihr Gott nicht einfach missachten könnt, ohne die Folgen zu tragen. Denn was ein Mensch sät, wird er auch ernten. Wer nur nach seinen sündigen Neigungen lebt, wird sich damit selbst zu Grunde richten und schließlich den Tod ernten. Aber wer lebt, um dem Geist zu gefallen, wird vom Geist das ewige Leben erhalten. (Galater 6,7-8)

> Meine lieben Freunde! Ihr habt immer befolgt, was ich euch geraten habe. Hört aber nicht nur auf mich, wenn ich bei euch bin, sondern erst recht während meiner Abwesenheit. Arbeitet mit Furcht und Zittern an eurer Rettung. (Philipper 2,12; Hoffnung für alle)

Vergessen Sie nicht, dass es einen Feind gibt, der Ihre Ehe zerstören will. Wir kämpfen nicht gegen Menschen aus Fleisch und Blut (Epheser 6,12), darum können wir unsere Ehen nicht durch mehr Eheabende, Urlaube oder Beratungsgespräche absichern. Das alles ist nicht schlecht, aber wir müssen sehen, dass hier noch mehr vor sich geht. Ernsthaftes, konzentriertes Gebet wird für eine glückliche Ehe unendlich mehr bewirken als jede menschliche Strategie. „Das Gebet eines gerechten Menschen hat große Macht und kann viel bewirken" (Jakobus 5,16).

Die andere Kraftquelle, die wir nicht vernachlässigen dürfen, ist die Bibel. Ist das für Sie jetzt, als ob Sie ständig dieselbe alte Platte hören? Wenn Sie seit Ihrer Kindheit in eine Gemeinde gehen, mag das so sein. Ich hoffe aber, Sie schalten trotzdem nicht ab. Die Verse in der Bibel enthalten nicht nur gute Lehre, sondern sie besitzen Macht. Sie sind nicht nur eindrucksvolle Argumente – sie sind das lebendige Wort, ausgesprochen durch denselben Gott, der durch seine Worte das Weltall erschuf.

> Das Wort Gottes ist lebendig und wirksam. Es ist schärfer als das schärfste Schwert und durchdringt unsere innersten Gedanken und Wünsche. Es deckt auf, wer wir wirklich sind, und macht unser Herz vor Gott offenbar. (Hebräer 4,12)

Die Worte in Ihrer Bibel besitzen die einzigartige Macht, bis in den Kern Ihres Wesens durchzudringen. Sie gehen tiefer als Ihr Selbstbetrug, Ihre Heuchelei und Ihre falschen Motive und sie offenbaren Ihr Herz. Sie setzen sich hin, um dieses Buch zu lesen, und es tut Gottes Werk in Ihrem Herzen und in Ihrem Verstand, es bricht Sie von innen her auf. Hochmütige Menschen sagen uns Tag für Tag laut und unmissverständlich ihre Meinung. Wir müssen unseren Verstand davon befreien, indem wir uns jeden Tag gegenseitig daran erinnern, was Gott wirklich sagt.

Lesen Sie diese Abschnitte langsam und ehrfürchtig. Lesen Sie sie laut vor, sich selbst oder gegenseitig:

> Geh nicht gedankenlos zum Haus Gottes. Es ist besser, wenn du nur hineingehst, um auf Gott zu hören, als wenn die Unverständigen Schlachtopfer bringen. Denn sie bleiben weiter unwissend und merken nicht, wenn sie Böses tun. Lass dir keine unüberlegten Worte entschlüpfen, rede nicht unbedacht im Überschwang deiner Gefühle, wenn du zu Gott betest; denn Gott ist im Himmel und du bist hier auf der Erde. Deshalb geh sparsam mit deinen Worten um! Man sagt doch: „Wer zu viel arbeitet, kann nicht mehr ruhig schlafen, und wer zu viel plappert, gibt oft unsinniges Gerede von sich." Wenn du Gott etwas versprochen hast, zögere nicht, dein Versprechen einzulösen; denn Gott hat keine Freude an Dummköpfen, die leichtfertig etwas versprechen. Was du versprichst, sollst du auch halten! Es ist besser, gar nichts zu sagen, als etwas zu versprechen und es nicht zu halten. Werde nicht durch ein voreilig gegebenes Versprechen schuldig. Versuche dich auch nicht herauszureden, indem du vor dem Priester erklärst, bei deinem Versprechen handle es sich um

> ein Missverständnis. Oder willst du den Zorn Gottes über dich bringen, sodass er alles, was du erreicht hast, zunichte macht? Denn wer sinnlosen Fantasien nachhängt, neigt zu unnützem Gerede. Du aber sollst Gott fürchten! (Prediger 4,17-5,6)

> Doch der Tag des Herrn wird so unerwartet kommen wie ein Dieb. Dann wird der Himmel unter schrecklichem Lärm vergehen, und alles wird sich in Flammen auflösen; und die Erde wird mit allem, was auf ihr ist, dem Gericht ausgeliefert werden. Wenn aber alles um uns her sich auf diese Weise auflösen wird, wie viel mehr solltet ihr dann ein Leben führen, das heilig ist und Gott ehrt! Ihr solltet diesen Tag erwarten und ihn herbeisehnen – den Tag, an dem Gott den Himmel in Brand setzt und die Elemente in den Flammen zerschmelzen. (2. Petrus 3,10-12)

Solche Verse muss man nicht groß erklären. Je öfter wir sie lesen, desto kraftvoller wird unser Leben sein. Je mehr wir sie einander sagen, desto stärker wird unsere Ehe sein. Schützen Sie Ihre Ehe, indem Sie sich gegenseitig daran erinnern, dass Gott heilig ist und dass Jesus wiederkommen *wird* – und dies kann jeden Moment geschehen.

Wir neigen alle dazu, die Wahrheit in uns selbst zu suchen. In unserem Hochmut meinen wir, wir könnten Probleme lösen, indem wir intensiv darüber nachdenken. Aber die Bibel sagt uns, dass selbst unsere besten Gedanken dem Vergleich mit Gottes Gedanken nicht standhalten können. Wenn es also um die Ehe geht oder um irgendeine andere Angelegenheit, sollten wir uns nicht auf unsere eigene Weisheit verlassen. Es gibt für uns keinen besseren Weg, als auf Gottes Worte zu hören.

> „Meine Gedanken sind nicht eure Gedanken“, sagt der Herr, „und meine Wege sind nicht eure Wege. Denn so viel der Himmel höher ist als die Erde, so viel höher stehen meine Wege über euren Wegen und meine Gedanken über euren Gedanken.“ (Jesaja 55,8-9)

Wenn diese Verse wahr sind, sollten wir unsere Zeit nicht länger damit vergeuden, uns den Kopf zu zerbrechen. Wir sollten sie vielmehr nutzen und uns mit Gottes Gedanken beschäftigen.

GOTT VEREHREN, NICHT DIE EHE

Wenn mein Computer mal ein paar Minuten Pause hat, zeigt der Bildschirmschoner ein Foto von unserer Familie, wie sie am Strand entlangrennt. Wenn ich es ansehe, führt es mich oft in die Anbetung. Wie hat sich Gott das nur ausgedacht? Die Vorstellungskraft und die Macht, die nötig sind, um Menschen zu formen und die Ehe zu erfinden, sind im wahrsten Sinne unfassbar. Die Familie zu erschaffen war einfach brillant. Nicht als Einzelwesen durchs Leben zu gehen, sondern in Gruppen, in denen man sich gegenseitig liebt und unterstützt, einander in schweren Zeiten trägt und in guten Zeiten zusammen lacht, in denen man *gemeinsam* betet und Gott lobt und weint und leidet und Freude erlebt – wer außer Gott hätte sich etwas so Wunderbares ausdenken können?

Dennoch müssen wir vorsichtig sein. Es ist gut und richtig, das zu genießen, was Gott geschaffen hat, doch kann die Liebe zur Familie auch schnell alles andere in den Schatten stellen.

Als Jesus nach dem wichtigsten Gebot gefragt wird, antwortet er: „Du sollst den Herrn, deinen Gott, lieben, von ganzem Herzen, mit ganzer Seele und mit all deinen Gedanken! Das ist das erste und wichtigste Gebot" (Matthäus 22,37-38). Jesus geht sogar so weit zu sagen: „Wer seinen Sohn oder seine Tochter mehr liebt als mich, der ist es nicht wert, zu mir zu gehören" (Matthäus 10,37). Jesus macht deutlich, dass er den ersten Platz in unserem Leben einnehmen will.

Er sagt sogar auch: „Wenn jemand zu mir kommt und hasst nicht seinen Vater und die Mutter und die Frau und die Kinder und die Brüder und die Schwestern, dazu aber auch sein eigenes Leben, so kann er nicht mein Jünger sein " (Lukas 14,26; Elberfelder). Es ist nicht so, dass wir ihn ein wenig mehr lieben sollen als unsere Familie; nein, unsere Liebe für ihn soll einer ganz anderen Kategorie angehören. Er steht weit über uns und deshalb soll auch unsere Liebe zu ihm weit über unserer Liebe zu anderen stehen. Zwischen unserer Liebe zu Gott und unserer Liebe zu unserem Ehepartner sollte es eine breite Kluft geben. Das eine darf mit dem anderen nicht zu vergleichen sein. Normalerweise bringen wir unsere Zuneigung in eine Rangfolge, wie sie in der linken Spalte zu sehen ist, doch das biblische Gebot verlangt eine Anordnung wie in der rechten Spalte:

1. Gott	1. Gott
2. Familie	
3. Freunde	
4. Arbeit	
5. Besitz	2. Familie. Freunde. Arbeit. Besitz

Zu viele Menschen sind mit einer Rangfolge zufrieden, wie wir sie auf der linken Seite sehen. Aber das stimmt nicht mit der Bibel überein. Tatsächlich steht es im Gegensatz zu dem, was die Bibel lehrt. Gott verlangt, dass er für uns heilig ist, und das bedeutet „abgesondert", „unantastbar". Wenn wir Gott so lieben würden, wie wir sollen, dann gäbe es nichts, was „dicht dahinter" kommt.

Wieder ergibt sich in dieser Hinsicht vieles von selbst, wenn Sie fest den Blick auf Gott richten. Prüfen Sie jetzt Ihr Herz. Wen oder was lieben Sie am meisten? Wofür beten Sie? Worum kreisen Ihre Gedanken?

Wir wurden durch ihn und zu seiner Ehre geschaffen.

> Durch ihn hat Gott alles erschaffen, was im Himmel und auf der Erde ist. Er machte alles, was wir sehen, und das, was wir nicht sehen können, ob Könige, Reiche, Herrscher oder Gewalten. Alles ist durch ihn und für ihn erschaffen. (Kolosser 1,16)

> Ob ihr nun esst oder trinkt oder sonst etwas tut, tut alles zur Ehre Gottes! (1. Korinther 10,31; Elberfelder)

ES STEHT ZU VIEL AUF DEM SPIEL – LISA

In Philipper 3 spricht Paulus von der Gerechtigkeit, die durch unseren Glauben an Christus kommt. Er sagt in Vers 12: „Ich will nicht behaupten, ich hätte dies alles schon erreicht oder wäre schon vollkommen! Aber ich arbeite auf den Tag hin, an dem ich endlich alles sein werde, wozu Christus Jesus mich errettet und wofür er mich bestimmt hat." Darum geht es: *Viele* Menschen vergessen, dass auf den Augenblick der Rettung eine lebenslange Zeit der Heiligung folgt (das ist der Prozess des Heiligwerdens). Ihre Stellung, dass Sie vor Gott gerecht sind, wird in einem Moment des wahren Glaubens gewonnen, doch Ihre Gerechtigkeit – Ihre Christusähnlichkeit – vertieft sich im Lauf eines Lebens, wenn Sie sich auf Gott und seinen Willen ausrichten. Darum sehnt sich Paulus danach, all das zu ergreifen, was Christus anbietet.

Wir dürfen nicht aufhören, diesem Ziel in *jedem* Bereich unseres Lebens nachzujagen. Und gerade in unserer Ehe ist die Christusähnlichkeit vielleicht besonders wichtig, weil die Ehe ein so kraftvolles Instrument ist, um das Evangelium und die Herrlichkeit Gottes sichtbar zu machen. Unsere Ehe ist das Erste, auf das die Menschen schauen, wenn sie herausfinden wollen, ob wir das, was wir sagen, auch wirklich glauben. Vielleicht hat jemand die Gabe, mit Autorität zu sprechen, oder er gibt großzügig an Bedürftige oder scheint große Bibelkenntnis zu besitzen, doch wenn die Ehe nicht in Ordnung ist, wirft das Fragen auf. „Wie kann er seine Frau so behandeln? Warum hat sie so wenig Respekt vor ihrem Mann? Offensichtlich glauben sie nicht wirklich, was sie zu glauben behaupten." Es sollte uns sehr belasten, dass viele unserer Ehen das Evangelium in ein schlechtes Licht rücken.

Können Sie sich vorstellen, wie es wäre, wenn die Scheidungsrate unter Christen gegen null ginge? Was für eine unglaubliche Möglichkeit, der Welt laut zuzurufen, dass *wir wirklich anders sind!* Wir haben die Gesinnung Christi, wir haben die Kraft des Heiligen Geistes, wir entscheiden uns, uns selbst zu verleugnen und zu lieben und zu vergeben, wenn es schwierig wird. Das würde Aufmerksamkeit erregen. Und genau das will Gott von uns, seinem Volk.

> Was ihr auch tut, tut es ohne zu klagen und zu zweifeln, damit niemand euch irgendetwas vorwerfen kann.

> Als Kinder Gottes sollt ihr ein reines, vorbildliches Leben führen in einer dunklen Welt voller verdorbener und verirrter Menschen, unter denen euer Leben wie ein helles Licht leuchtet. (Philipper 2,14-15)

Ist Ihre Ehe inmitten dieser Generation ein leuchtendes Beispiel? Die Ehebeziehung hat den Zweck, Gottes Herrlichkeit widerzuspiegeln. Entweder wir scheinen als helles Licht, durch das zu erkennen ist, dass wir Gottes Kinder sind, oder wir sind Teil der Verdorbenheit und Verirrung der Welt, die uns umgibt. Gewissermaßen gilt: Wenn es um unsere eheliche Beziehung schlecht bestellt ist, wird es nicht wirklich von Bedeutung sein, wie gut wir ansonsten leben.

So betrachtet ist die Ehe eine große Sache. Durch diese eine Beziehung arbeitet Gott dermaßen an unserem Verstand und an unserem Herzen. Kaum ein anderer Weg, den Sie gehen, lässt Sie so demütig werden und trägt so sehr zu Ihrer Heiligung bei wie die Ehe. Sie zwingt uns, unseren Egoismus und unseren Stolz zu bekämpfen. Aber sie gibt uns auch eine Plattform, um Liebe und Hingabe zu zeigen.

Vor Kurzem hörte ich ein Zitat: „Gott will durch uns glaubhaft machen, dass er gut, liebevoll und wahrhaftig ist." Gott hat es schon immer gefallen, sich durch Menschen zu offenbaren. Er hat das Volk Israel gebraucht, um der Welt zu zeigen, wer der eine wahre Gott ist, und genauso beruft er uns, damit wir ihn in der Welt um uns herum repräsentieren. Unser Leben soll glaubhaft machen, dass es einen Gott gibt. Die Art, wie wir unseren Partner lieben, soll die Liebe Christi glaubhaft und real machen. Wäre es nicht unfassbar schön zu erfahren, dass Ihre Ehe tatsächlich jemanden in eine Beziehung mit Christus hineingeführt hat?

Die Menschen sollen Gott in Ihnen sehen, wenn Sie miterleben, wie Sie Ihren Ehepartner lieben. Die Welt hat es dringend nötig, ein genaues Spiegelbild von Christus und der Gemeinde in unseren Ehen zu sehen, denn hier geht es um Gottes Herrlichkeit! Unser Denken muss sich hier grundlegend ändern: Wir müssen erkennen, um was es bei unserer Art zu leben und unsere Ehe zu gestalten wirklich geht!

Ich las ein großartiges Zitat unserer lieben Freundin Joni Eareckson Tada. Ihre Worte weisen über ihren eigenen Kampf mit der Querschnittslähmung und chronischen Schmerzen hinaus und gelten für *jeden* Umstand unseres Lebens – egal ob schmerzhaft oder erfreulich. Sie sagt:

> *Mir wurde bewusst, dass es um weit mehr, um weit größere und kosmische Ausmaße ging als nur meine Zufriedenheit mit einem Rollstuhl und seinem unangenehmen Gepäck. Ich richtete meine Aufmerksamkeit auf Gott. Seine Herrlichkeit stand auf dem Spiel und das machte meine Zufriedenheit in ihm (nicht die Zufriedenheit damit, „wie die Dinge waren“) zum eigentlichen Thema. Es war nicht mehr die Frage, ob ich mit seinem Plan für mein Leben zufrieden war, sondern ob er für mich die äußerste und absolute Ursache aller Zufriedenheit war. Sehr zu meiner Freude war es das, was ihn am meisten ehrte.*

Was für eine unglaubliche Sichtweise! Ganz gleich, wie zufrieden Sie gerade mit Ihrer Ehe sind: Die *eigentliche Frage* ist vielmehr, wie sehr Sie Ihre Zufriedenheit in *Gott* finden. Ob Ihre Ehe nun voller Freude oder Kummer ist – Gottes Herrlichkeit steht auf dem Spiel.

Müssen Sie Ihren Blick wieder neu auf ihn richten? Für mich fasst dieser Gedanke zusammen, warum wir dieses Buch schreiben.

Es gibt *sehr, sehr viele* Christen, die nur mit ihrer persönlichen Befriedigung beschäftigt sind und keinen Gedanken daran verschwenden, auf welche Weise ihr Leben von einer tiefen Zufriedenheit in Gott zeugt. Wo ist die Bereitschaft, zugunsten von Gottes Herrlichkeit auf ein Glücksgefühl in der Ehe zu verzichten? Nein, wir kämpfen um unsere Rechte und vergessen, dass hier etwas vor sich geht, das weit größere und kosmische Bedeutung hat.

> ... lasst eure guten Taten leuchten vor den Menschen, damit alle sie sehen können und euren Vater im Himmel dafür rühmen. (Matthäus 5,16)

Es ist immer um Gottes Herrlichkeit gegangen. Unser Leben und unsere Ehe können Menschen dazu bringen, Gott zu preisen! Vor allem jetzt, inmitten von so viel Selbstsucht, Dunkelheit und Stolz.

> Auch wenn es früher in euch finster war, seid ihr jetzt vom Licht des Herrn erfüllt; deshalb lebt nun auch als Kinder des Lichts! (Epheser 5,8)

FAZIT

Die Bibel hilft uns zwar die Bedeutung der Ehe zu verstehen und wie sie funktioniert, aber sie ist kein Buch über die Ehe. Sie ist ein Buch über Gott. Sie lehrt uns viel über unseren Schöpfer, indem sie sein Wesen offenbart, seine Taten in der Vergangenheit beschreibt und uns von seinen Plänen für die Zukunft berichtet. Wenn wir die biblische

Geschichte im Zusammenhang betrachten, wirkt unsere Überbetonung menschlicher Beziehungen absurd. Die Bibel fängt mit einem Wesen an, das so mächtig ist, dass seine Worte das Nichtexistente ins Leben rufen, und es gehorcht. Sie zeigt uns einen Gott, der so heilig und gerecht ist, dass er einst die gesamte Menschheit ertrinken ließ und nur die acht Menschen verschonte, die ihr Vertrauen noch immer auf ihn setzten. Dieses Buch ist voller Beispiele, wie Gott die Hochmütigen straft und die Demütigen segnet. Und die Bibel schließt mit Visionen eines schrecklichen zukünftigen Gerichts, wo jede Person auf ewig entweder an einen Ort der Gemeinschaft mit Gott und der vollkommenen Freude gelangt oder an einen Ort, an dem sie getrennt von Gott höchsten Qualen ausgesetzt ist.

In jeder Geschichte der Heiligen Schrift steht Gott im Mittelpunkt. Er ist der Schöpfer des Lebens, der Richter und der Heiland. Darum wollen wir, auch wenn die Bibel von der Ehe spricht, uns davor hüten, sie nur für hilfreiche Ehetipps heranzuziehen. Das Bild, das sie zeichnet, ist viel, viel größer.

Suchen Sie Gottes Nähe und erleben Sie, wie sich das auf Ihre Ehe auswirkt. Wenn Sie mit Gott im Reinen sind, kann Ihre Ehe tatsächlich das werden, was sie sein soll. Friede tritt immer dann ein, wenn beide Seiten zu einer Einigung kommen. Werden Sie eins in Ihrer Sicht von Gott – seiner Heiligkeit und darin, dass er den höchsten Rang in Ihrem Leben verdient.

ZUR TAT SCHREITEN

Wichtig ist, dass Sie auf die Wahrheit in diesem Kapitel reagieren. Unten finden Sie einige Vorschläge, die Ihnen dabei helfen können.

Wenn sie dazu beitragen, dass Sie Ehrfurcht vor Gott bekommen und ihm den angemessenen Platz in Ihrem Leben und in Ihrer Ehe einräumen, dann setzen Sie sie in die Tat um! Wenn Sie etwas Besseres oder Konkreteres wissen, das Sie auf diesen Weg bringt, dann handeln Sie entsprechend. Es kommt vor allem darauf an, dass Sie überhaupt etwas tun.

SCHREIBEN SIE EINE CHRONIK IHRER BEZIEHUNG.

- *Zuerst beschreiben Sie sich beide: Wie waren Sie, als Sie sich kennenlernten?*

- *Beschreiben Sie auch, wie Sie beide jetzt sind. Inwiefern sind Sie im Lauf Ihrer Beziehung gereift oder haben sich zurückentwickelt?*

- *Schauen Sie dann zehn Jahre nach vorn. Wenn Ihre Ehe in zehn Jahren genau so wäre, wie Sie es gern hätten, wie würde sie dann aussehen?*

- *Wenn Sie jetzt Punkt A (an dem Ihre Beziehung begann) und Punkt B (wo Sie jetzt gerade stehen) betrachten, welche Schritte werden dann nötig sein, um Punkt C (wo Sie in zehn Jahren sein wollen) zu erreichen? Welche Opfer werden Sie bringen müssen? Welche Gewohnheiten werden Sie entwickeln und was werden Sie anstreben müssen? Womit müssen Sie aufhören? Wie können Sie sich gegenseitig auf diesem Weg unterstützen?*

WIE GROSS IST IHRE EHRFURCHT VOR DEM HERRN?

- *Beschreiben Sie, wie sehr Sie beide den Herrn fürchten – genau jetzt, in diesem Moment. Inwiefern ist Ihre Ehrfurcht vor dem Herrn stark und Gott gemäß und wo fürchten Sie den Herrn nicht so, wie Sie sollten?*

- *Helfen Sie sich gegenseitig bei dieser Beschreibung. Vergewissern Sie sich, dass Ihre Einschätzung zutrifft, indem Sie Ihre Notizen austauschen und kommentieren.*

- *Entwerfen Sie einen Plan, wie Sie sich gegenseitig dabei helfen können, Ehrfurcht vor dem Herrn zu entwickeln. Welche Texte aus der Bibel können Sie zusammen lesen, um diese Entwicklung zu fördern? Wie können Sie füreinander beten? Was können Anhaltspunkte dafür sein, dass Sie beide tatsächlich in Ihrer Ehrfurcht vor Gott wachsen? Behalten Sie diese Indikatoren im Blick.*

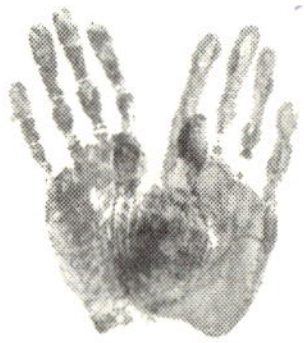

Die vollkommene Ehe anstreben

EHE UND DAS EVANGELIUM

Ich war kürzlich mit einem Freund beim Essen und er erzählte mir von seinen Eltern. Sein Vater ist 95 Jahre alt und seine Mutter 96. Sie verliebten sich in der sechsten Klasse ineinander und sind jetzt seit 75 Jahren verheiratet. Seit 83 Jahren sind sie die besten Freunde! Er erzählte weiter, dass der Verstand seiner Mutter jetzt langsam nachlässt, aber sein Vater einfach neben ihr sitzt, stundenlang, seine Hand sanft auf ihren Arm gelegt. Stellen Sie sich dieses Bild einen Moment lang vor.

Ich frage mich, was ihm durch den Kopf geht, wenn er neben ihr sitzt. Was muss er denken und fühlen, wenn er die Hand ausstreckt und den Arm berührt, der seit 83 Jahren an seiner Seite ist? Wie wäre es, Erinnerungen aus 83 Jahren mit einem anderen Menschen zu teilen? Ich sehe diese gesammelten Erinnerungen vor mir wie ein Fotoalbum und ich stelle mir vor, wie diese beiden Seite für Seite umblättern und sich an die einzelnen Szenen erinnern – wie sie zusammen auf dem Spielplatz lachten, sich ineinander verliebten, Kinder und Enkel bekamen und schließlich Urgroßeltern wurden. Die emotionale Tiefe wird sicher durch Szenen von Auseinandersetzungen, Tragödien, Verlust und Kummer verstärkt. Ich stelle mir vor, wie sie die letzten Seiten umblättern, die zur Buchrückseite führen – dort, wo eines Tages die Szenen eingefügt werden, wie sie Seite an Seite ihr Leben auf der Erde beenden.

In einer Zeit, in der Ehen zum Wegwerfprodukt werden, ist es schön, einen kurzen Eindruck von Hingabe und Langlebigkeit zu bekommen und einen Blick auf die Schönheit zu tun, die Gott für die Ehe vorgesehen hat. Und es ist schön zu wissen, dass solche Vorbilder existieren, auch wenn wir ihnen vielleicht nie begegnen. Sie geben uns ein Ziel, das wir anstreben können. Sie erfüllen mich mit Vorfreude auf die Zukunft mit meiner Frau. Manchmal beklagt sich Lisa über das Älterwerden und zeigt mir die Falten in ihrem Gesicht. Ich sage ihr dann, wie sehr ich diese Falten liebe, weil sie ein Zeichen dafür sind, dass wir zusammen alt werden – genau wie wir es uns erträumt haben. Ich fände es wunderbar, 83 Jahre voller Erinnerungen mit ihr zu teilen. Ich bezweifle allerdings, dass sich das bewahrheiten wird – denn dann wäre ich 108.

Die Geschichte dieses alten Ehepaars spricht uns an, weil wir dafür geschaffen wurden, in Beziehung zu leben. Gott sagte: „Es ist nicht gut für den Menschen allein zu sein" (1. Mose 2,18). Jeder, der schon einmal den Schmerz der Einsamkeit erfahren hat, erkennt diese Wahrheit. Einen großen Teil unserer Freude am Leben erfahren wir im Zusammenhang mit gesunden Beziehungen. Die Ehe ist etwas absolut Geniales. Und doch ist die Ehe, so schön sie auch sein kann, lediglich als Sinnbild für etwas viel Größeres angelegt.

DIE ÜBERNATÜRLICHE EHE

In Epheser 5 bezeichnet Paulus die Ehe als „Geheimnis". Aber dann erklärt er, dass dieses Geheimnis nicht die Ehe zwischen einem Mann und einer Frau ist, sondern die Ehe zwischen Christus und der Gemeinde. Es ist ein Wunder, dass es eine Vereinigung zwischen menschlichen Wesen und Gott geben kann!

> In der Schrift heißt es: „Deshalb wird ein Mann Vater und Mutter verlassen und sich an seine Frau binden und die beiden werden zu einer Einheit." Das ist ein großes *Geheimnis,* aber ich deute es als *ein Bild für die Einheit von Christus und der Gemeinde.* (Epheser 5,31-32; Hervorhebung vom Autor)

Gott sucht die Nähe der Menschen! Das wird durch die ganze Bibel hindurch deutlich. Wir sehen, wie Gott mit Adam und Eva durch den Garten Eden geht. Wir hören, wie Gott auf dem Gipfel eines Berges mit Mose spricht. Wir entdecken seine geheimnisvolle Gegenwart in der Stiftshütte und im Tempel. Im Neuen Testament lesen wir dann von der Geburt Jesu – *Immanuel* ist ein Titel, der wörtlich „Gott mit uns" bedeutet – und wir sehen, wie er sich inmitten seines widerspenstigen Volkes bewegt. Später schickt er seinen Heiligen Geist, der buchstäblich in seinem Volk wohnen soll – sowohl in Einzelpersonen als auch in der Kirche als Ganzes. Schließlich beschreibt die Bibel die Zukunft, in der Jesus sein Volk heiratet und für immer bei ihm wohnt.

Die Bibel offenbart die höchst atemberaubende Möglichkeit der Vereinigung von Mensch und Gott.

> Gott dagegen beweist uns seine große Liebe dadurch, dass er Christus sandte, damit dieser für uns sterben sollte, als wir noch Sünder waren. ( ) Wir sind ja durch den Tod seines Sohnes mit Gott versöhnt worden, als wir noch seine Feinde waren. Dann werden wir erst recht jetzt, wo wir seine Freunde geworden sind, durch das Leben von Christus gerettet werden. (Römer 5,8 und 10)

Das Überwältigende daran ist, dass Gott uns nicht nur erlaubt, ihn kennenzulernen, sondern dass er ein großes Opfer auf sich nahm, um es überhaupt zu ermöglichen! Gott legt nicht nur eine Einladungskarte auf den Tisch – nein, er hat den denkbar höchsten Preis bezahlt, um all das wahr werden zu lassen.

Es gibt keine größere Liebesgeschichte. Der Richter des Universums rennt denen hinterher, die sich gegen ihn auflehnen. Die Menschen haben sich selbst zu Gottes Feinden gemacht, indem sie seine Gesetze verwarfen und dem eigenen Verlangen folgten. Doch Gott hat seine „Feinde“ so sehr geliebt, dass er seinen Sohn sandte, um die Strafe für ihre Verbrechen zu bezahlen. Gottes Zorn war gestillt, als Jesus am Kreuz hing. Durch seinen Tod werden Gläubige von ihren Sünden gereinigt und mit dem Gott versöhnt, den sie vorher abgelehnt haben. Und so kann Gott zugleich gerecht sein und vergeben, er ist Richter und Rechtfertiger in einer Person (siehe Römer 3,21-26). Er ist gerecht, weil sein Gericht über unsere Sünde vollstreckt wurde. Wir sind gerechtfertigt, weil sein unschuldiger Sohn an unserer Stelle litt.

Wenn ich das so aufschreibe, klingt es irgendwie billig. Wie kann ich etwas so Heiliges mit leblosen Worten auf einer Buchseite beschreiben? Meine Worte kommen mir so klein vor, so steril. Ich möchte aufhören zu schreiben, Ihnen fest ins Gesicht schauen und laut rufen: Jesus ist gestorben! Er wählte den grausamsten Tod, um Sie zu Gott zu bringen! Alles hat sich verändert! Ihre und meine Begegnung mit Gott wäre schrecklich verlaufen, das war unser Schicksal. Wir waren „ Gottes Zorn ausgeliefert" (Epheser 2,3) – aber all das ist jetzt anders! Der Tod jagt mir keinen Schrecken mehr ein! Ich kann es kaum erwarten zu sterben! Danke, Jesus!

WISSEN SIE, WIE SCHÖN SIE SIND?

Wenn ich vor Gott stehe, bin ich nicht mehr schmutzig. Aber das ist nicht alles! Was er für uns getan hat, macht uns nicht geistlich neutral. Nein, er hat uns gerecht gemacht. Attraktiv. Wer sich an Jesus festhält, ist in seinen Augen schön.

> Ich will mich sehr im Herrn freuen, meine Seele soll über meinen Gott jubeln! Denn er hat mir die Gewänder des Heils angezogen und mich in die Robe der Gerechtigkeit gekleidet. Ich bin wie ein Bräutigam, der mit priesterlichem Kopfschmuck geschmückt wurde, wie eine Braut, die sich ihren Schmuck angelegt hat. (Jesaja 61,10)

Er macht uns schön und vergleicht uns sogar mit einer Braut an ihrem Hochzeitstag! Ich hatte das Vorrecht, viele Trauungen vorzunehmen, und es ist immer ein besonderer Moment, wenn der Bräutigam seine Braut das erste Mal sieht. Meistens höre ich das Wort „wow", wenn sie in ihrem Brautkleid den Raum betritt. Er wusste, dass sie schön aussehen würde, aber in seiner Stimme und auf seinem Gesicht zeigt sich echte Überraschung, wenn er ihre Schönheit am Hochzeitstag sieht.

Lassen Sie das auf sich wirken: Gott benutzt dieses Bild, um zu beschreiben, *wie* attraktiv wir für ihn sind. *So* schön hat er uns gemacht. Es ist schwer sich vorzustellen, dass der Schöpfer des Universums uns mit solcher Zuneigung anschaut. Manche von uns sind schon überglücklich zu wissen, dass er uns nicht hasst! Es kostet wirklich einige Mühe zu glauben, dass wir unwiderstehlich attraktiv für ihn sind.

Wir dürfen nur nicht vergessen, dass wir nichts dazu beigetragen haben. Jesus hat all unsere Hässlichkeit von uns genommen. Im Gegensatz zu einer normalen Braut sind wir alle, kurz bevor wir auf den Altar zugehen, schäbig, unansehnlich und jämmerlich unvorbereitet. Doch unser Bräutigam verwandelt uns in etwas Schönes, wenn wir im Glauben auf ihn vertrauen, und in diesem Augenblick werden wir seine kostbare Braut.

> Den, der Sünde nicht kannte, hat er für uns zur Sünde gemacht, damit wir Gottes Gerechtigkeit würden in ihm. (2. Korinther 5,21; Elberfelder)

Wir sind jetzt die Braut Christi, aber die Bibel beschreibt uns auch als diejenigen, die voll Vorfreude auf die „Hochzeit des Lammes" warten. Denken Sie daran, wie viel Zeit, Geld und Mühe wir in eine Hochzeit investieren. Doch *das hier* ist die Ehe, die die Schrift besonders betont, und deshalb sollte es auch die Ehe sein, auf die wir fixiert sind. Wir sind die Braut – wir sind mit Gott versöhnt und leben in Beziehung mit ihm –, aber die eigentliche Hochzeit steht noch aus.

Das Neue Testament beschreibt uns oft eine Spannung zwischen dem, was ist („jetzt schon"), und dem, was sein wird („noch nicht"). Jesus ist jetzt König, aber seine volle Herrschaft erscheint erst in der Zukunft. Jesus hat dem Satan einen tödlichen Schlag versetzt, aber er wird ihn erst bei seiner Wiederkunft vollständig vernichten. Wir sind jetzt die Braut Christi, aber die endgültige Vereinigung mit ihm wird erst bei seiner Wiederkunft erfolgen:

> Dann hörte ich wieder etwas, das wie das Rufen einer riesigen Menschenmenge oder das Rauschen mächtiger Meereswellen oder das Krachen lauter Donnerschläge klang: „Halleluja! Denn der Herr, unser Gott, der Allmächtige, herrscht. Lasst uns fröhlich sein und jubeln und ihn ehren. Denn die Zeit für das Hochzeitsmahl des Lammes ist gekommen, und seine Braut hat sich vorbereitet. Sie darf sich in strahlend weißes Leinen kleiden." Denn das strahlende Leinen steht für die guten Taten der Menschen, die zu Gott gehören. Und der Engel sagte: „Schreib auf: Gesegnet sind diejenigen, die zum Hochzeitsmahl des Lammes eingeladen sind." Und er fügte hinzu: „Das sind Gottes Worte, die wahr und zuverlässig sind." (Offenbarung 19,6-9)

Das ist die Bestimmung all derer, die an Jesus glauben. Nach der Trauung wird Gott auf eine Art mit uns zusammenleben, die keiner von uns je erfahren hat. In unserer ewigen Zukunft wird es keinen

Tod, keinen Schmerz, keine Krankheit und keine Tränen mehr geben (Offenbarung 21,1-4). Unsere Zeit auf der Erde ist kurz und voller Anfechtungen. Unsere Zeit im neuen Himmel und auf der neuen Erde wird ewig und herrlich sein.

Wenn Sie jetzt zum ersten Mal verstanden haben, was Gott für Sie getan hat, sollten Sie sich auf dieses eine Thema konzentrieren. Es hat keinen Sinn, an Ihrer Ehe zu arbeiten, solange Sie sich über Ihre Beziehung zu Gott noch nicht im Klaren sind. Suchen Sie sich einen ruhigen Ort und reden Sie mit Ihrem Schöpfer. Bekennen Sie ihm Ihre Sünden und bitten Sie ihn um Vergebung. Danken Sie ihm, dass er für Sie gestorben ist. Wenden Sie sich von Ihrer alten Lebensweise ab und folgen Sie ihm; leben Sie im Licht der Ewigkeit.

> ... wenn wir ihm unsere Sünden bekennen, ist er treu und gerecht, dass er uns vergibt und uns von allem Bösen reinigt. (1. Johannes 1,9)

Wenn Ihnen diese Wahrheiten schon seit Jahren vertraut sind, lassen Sie nicht zu, dass diese gute Nachricht für Sie Schnee von gestern wird. Auch jetzt sollte Sie Ihre Verbindung mit Gott mehr begeistern als alles andere auf der Welt.

VERSAGEN IST UNMÖGLICH

Stellen Sie sich vor, Sie sind Zuschauer bei einem Hundertmeterlauf. Ich bin am Start und ich trete gegen meinen Vater an. Schon in der ersten Sekunde nach dem Startschuss sollte offensichtlich sein, dass ich gewinnen werde. Der Hauptgrund: Mein Vater starb schon vor

Jahren. Ich weiß, es ist ein gruseliges Bild, aber lassen Sie es mich erklären.

Ich will damit sagen, dass es uns einen unglaublichen Vorteil verschafft, dass wir am Leben sind. Die Bibel sagt, dass wir *aufgrund unserer Sünden tot* waren, genau wie alle anderen auf der Welt (Epheser 2,1-3). Um in diesem Bild zu bleiben: Die Rede ist von ein paar lebendigen Menschen, die sich zwischen einer Menge Leichen bewegen, wie in einem theologischen Zombiefilm. So sehen wir im Vergleich zur Welt aus! Zu viele Christen beschränken sich darauf, ein wenig moralischer zu erscheinen als die Menschen um sie herum. Aber der Unterschied zwischen einem wahren Christen und einem Nichtchristen hat mit feinen moralischen Abstufungen nichts zu tun – es geht um den Unterschied, ob man lebt oder tot ist!

Legen Sie dieses Buch einen Moment lang zur Seite und lesen Sie Hesekiel 37,1-14. Glauben Sie mir, Sie werden es nicht bereuen. In diesem Abschnitt der Bibel sehen wir den Propheten Hesekiel mitten in einem Tal stehen. Als er sich umschaut, erkennt er, dass das Tal mit menschlichen Knochen bedeckt ist. Sie liegen überall und sie sind trocken und brüchig. Und dann befiehlt Gott Hesekiel zu sprechen:

> Da sagte er zu mir: „Weissage über diese Gebeine und sag zu ihnen: ‚Ihr gebleichten Knochen, hört das Wort des Herrn! So spricht Gott, der Herr, zu diesen Knochen: Seht! Ich werde euch Atem einhauchen und euch wieder lebendig machen! Ich gebe euch Sehnen, lasse Fleisch an euch wachsen und überziehe euch mit Haut. Ich hauche euch Atem ein und mache euch wieder lebendig. Dann

> werdet ihr erkennen, dass ich der Herr bin.'" (Hesekiel 37,4-6)

Als Hesekiel diese Worte zu den trockenen Knochen ringsumher sagt, hört er ein Geräusch, dann ein Klappern, und dann sieht er, wie sich die Knochen zusammenfügen, wie sich Sehnen bilden und Haut die vormals verwesten Körper überzieht. Dann haucht Gott diesen Körpern Leben ein und „sie wurden lebendig. Sie standen auf, und es war eine riesige Menschenmenge" (Vers 10).

Das ist der Unterschied zwischen denen, die in Christus lebendig gemacht worden sind, und denen, für die das nicht gilt. Ein auferwecktes Geschöpf auf der einen Seite und ein Haufen trockener, morscher Knochen auf der anderen Seite.

Im Kapitel davor verspricht Gott durch Hesekiel, dass er zu den Menschen seines Volkes kommen wird, ihr Herz aus Stein gegen ein lebendiges Herz eintauschen und ihnen seinen eigenen Geist geben wird (Hesekiel 36,25-27).

Das führt uns zu den ersten Kapiteln der Apostelgeschichte, wo die Jünger Jesu auf geheimnisvolle Weise vom Heiligen Geist erfüllt werden und gewaltige Kraft empfangen. Die Zuschauer an jenem Tag sehen die sofortige Verwandlung. Und Petrus sagt ihnen, dass sie das Gleiche erleben können!

> Petrus antwortete ihnen: „Kehrt euch ab von euren Sünden und wendet euch Gott zu. Lasst euch alle taufen im Namen von Jesus Christus zur Vergebung eurer Sünden. Dann werdet ihr die Gabe des Heiligen Geistes empfangen. Diese Zusage Gottes gilt euch und euren Kindern und auch denen, die fern von Gott sind – allen, die vom

> Herrn, unserem Gott, berufen werden." (Apostelgeschichte 2,38-39)

An diesem Tag werden dreitausend Menschen getauft. Achten Sie auf die Formulierung: *Diese Zusage Gottes gilt euch* und *euren Kindern* und *auch denen, die fern von Gott sind.* Was die Jünger an diesem Tag erleben – nämlich den Anfang von Hesekiels Vision einer zunächst toten, jetzt aber lebendigen und starken Menge – wird den Menschen angeboten, die in Apostelgeschichte 2 Zeugen der Kraft des Heiligen Geistes werden. Und dieses Angebot gilt auch noch für ihre Kinder. Und es wartet auf alle, die fern von Gott sind. Gott ruft immer noch Menschen zu sich. Sie und ich können die gleiche Kraft haben, die die Jünger vor zweitausend Jahren durch den Heiligen Geist empfingen.

Die Frage ist also: Ist der Heilige Geist in Ihnen? Haben Sie sich entschieden, sich von Ihren Sünden abzuwenden und sich taufen zu lassen und die Gabe des Heiligen Geistes zu empfangen? Denken Sie daran, dass darin der Unterschied zwischen Leben und Tod liegt, zwischen verstreuten Knochen und lebendigen Geschöpfen.

Möglicherweise benutzt der Herr Ihre Ehe, um Sie zu sich zu rufen. Vielleicht wollten Sie nur ein paar gute Tipps für die Ehe, aber Gott hatte etwas viel Größeres im Sinn. Wenn Sie an das glauben, was Jesus für Sie getan hat, Sie aber die Schritte danach noch nicht gegangen sind, dann suchen Sie sich eine biblisch orientierte Gemeinde, in der jemand Sie taufen und Ihnen helfen kann, die Botschaft Christi zu verstehen.

Als Lisa und ich Ideen für dieses Buch sammelten, waren wir uns einig, dass es sinnlos wäre, die Vision einer gesunden Ehe Menschen vor Augen zu malen, die den Heiligen Geist nicht in sich haben. Der Geist Gottes verbessert nicht einfach nur Ihre Chancen auf Erfolg. Denken Sie daran, es geht hier um den Unterschied zwischen Leben und Tod. Ohne den Geist Gottes spielt es keine Rolle, wie gesund Ihre Einstellung zur Ehe ist oder wie viel Ihnen daran liegt. Ein toter Ehepartner kann keine lebendige Ehe hervorbringen.

Einfach ausgedrückt: Der Heilige Geist bringt uns aus einer unmöglichen Ausgangslage in eine Position, in der es unmöglich ist zu versagen. Denken Sie über die folgenden Verse nach, die einige für die wichtigsten der Bibel halten:

> Wer von seiner menschlichen Natur beherrscht wird, ist von ihren selbstsüchtigen Wünschen bestimmt, doch wer vom Heiligen Geist geleitet wird, richtet sich nach dem, was der Geist will. Wenn du dich von deiner menschlichen Natur bestimmen lässt, führt das zum Tod. Doch wenn der Heilige Geist dich bestimmt, bedeutet das Leben und Frieden. Denn die menschliche Natur steht Gott grundsätzlich feindlich gegenüber. Sie hat sich nicht dem Gesetz Gottes unterstellt und wird es auch nicht können. Deshalb können Menschen, die noch von ihrer menschlichen Natur beherrscht werden, Gott niemals gefallen.

> Ihr aber werdet nicht mehr von eurer sündigen Natur, sondern vom Geist Gottes beherrscht, wenn Gottes Geist in euch lebt. Wer aber den Geist von Christus nicht hat, der gehört nicht zu Christus. Da Christus in euch lebt, wird zwar euer Körper aufgrund der Sünde sterben, aber durch den Geist empfangt ihr Leben, weil ihr von Gott gerecht gesprochen wurdet. Der Geist Gottes, der Jesus von den

> Toten auferweckt hat, lebt in euch. Und so wie er Christus von den Toten auferweckte, wird er auch euren sterblichen Körper durch denselben Geist lebendig machen, der in euch lebt. (Römer 8,5-11)

Dieser Abschnitt erinnert mich an eine Werbung für ein isotonisches Getränk in den USA. In dem Clip wird gefragt: „Hast du's in dir?", dabei sieht man Sportler, die Unglaubliches vollbringen, während sie das Getränk aus ihren Poren schwitzen. Mir gefällt dieses Bild sehr: Es zeigt etwas, das uns so kraftvoll von innen mit Brennstoff versorgt, dass niemand bestreiten kann, dass es da ist. Es ist greifbar da. Natürlich ist das Getränk nicht wirklich so leistungsstark und ich brauche es nicht, um beim Basketball der Beste zu sein. Aber der Werbefilm erinnert mich an die biblische Beschreibung des Heiligen Geistes.

Gott verspricht, dass eine innere Verwandlung – eine Neuschöpfung (2. Korinther 5,17) – in den Menschen stattfinden wird, die glauben. Und diese innere Verwandlung wird Taten nach sich ziehen. Der Geist Gottes versorgt uns so kraftvoll mit Brennstoff von innen, dass seine lebendige Gegenwart greifbar ist und nicht bestritten werden kann (siehe Galater 5,22-24). Wenn aus Ihrem Leben also keine Taten fließen, müssen Sie sich fragen: Haben Sie ihn in sich?

Der gute Baum kann nur gute Früchte hervorbringen (Matthäus 7,16-20). Wovon das Herz voll ist, davon spricht der Mund (Lukas 6,45). Wenn der Heilige Geist im Zentrum unseres Wesens gegenwärtig ist, dann bringt er uns dazu, das Böse zu hassen und das zu lieben, was recht ist (Römer 8,9-17).

Sobald sich diese innere Verwandlung vollzieht, ist es, als könnten Sie sich selbst nicht bremsen. So sollte das christliche Leben eigentlich funktionieren. In Ihrem Inneren sprudelt etwas auf und strömt nach außen. Ich beschwöre keine Liebe zu Gott herauf – ich liebe ihn einfach. Ich ringe mich nicht dazu durch, ihm zu dienen – etwas treibt mich dazu. Es ist, als könnte ich nicht anders, ich muss die Menschen lieben und mich für die Armen einsetzen. Ich sehne mich danach, all das zu tun, und ich tue es mit jeder Faser meines Herzens. Ich hasse Begierde. Ich hasse Stolz. Ich hasse den Hass und das kostet mich nicht einmal Mühe. Ich kann einfach nicht anders. Gottes Gesetze sind keine Last mehr für mich, ich bin ihm vielmehr dankbar dafür. Ich bin ein Sklave der Gerechtigkeit geworden und finde das großartig!

> Gott sei gedankt! Früher wart ihr Sklaven der Sünde; aber jetzt gehorcht ihr *von Herzen* der Lehre, die für euch verbindlich geworden ist. Ihr seid vom Sklavendienst der Sünde befreit und als Sklaven in den Dienst der Gerechtigkeit gestellt, das heißt in den Dienst des Guten, das Gott will. (Römer 6,17-18; Gute Nachricht Bibel, Hervorhebung vom Autor)

Manche Gläubigen heute wünschen sich, sie hätten zur Zeit des Alten Testaments leben und Gottes Macht im Tempel erfahren können. Andere hätten gerne gelebt, als Jesus auf der Erde wirkte, um mit ihm sprechen und seine Wunder sehen zu können. Doch Jesus sagt, dass das, was wir jetzt haben, besser ist als diese beiden Möglichkeiten.

> Ich sage euch aber die Wahrheit: *Es ist das Beste für euch,* dass ich fortgehe, denn wenn ich nicht gehe, wird der Ratgeber nicht kommen. Wenn ich jedoch fortgehe, wird er

> kommen, denn ich werde ihn zu euch senden. (Johannes 16,7; Hervorhebung vom Autor)

Wenn Sie sich bei dem Wunsch ertappen, mit Jesus umherziehen oder Gottes Macht im Tempel erfahren zu können, dann stimmt etwas nicht damit, wie Sie den Heiligen Geist verstehen und erleben.

Wir leben in einer außergewöhnlichen Zeit der menschlichen Geschichte. Diese Phase, in der der Heilige Geist in den Gläubigen wohnt, ist kein billiger Ersatz für den Tempel oder Jesus. Im Gegenteil sagt uns die Heilige Schrift, dass wir es besser haben als die Gläubigen vor uns. Gott ist nicht nur bei uns, sondern *in* uns! Darum schütteln die Leute ungläubig den Kopf, wenn sie hören, auf welche Macht wir Christen Anspruch erheben, während unsere Ehen ein so armseliges, liebloses Bild abgeben.

Wenn Gottes Geist wirklich in uns ist, dann wird seine Kraft in unseren Ehen nicht zu übersehen sein. Ich habe es satt, neue Statistiken zu lesen, die keinen Unterschied zwischen christlichen und nicht christlichen Ehen zeigen. Die Lösung liegt nicht darin, sich noch mehr anzustrengen oder die richtige Strategie anzuwenden. Sie liegt in der Kraft des Heiligen Geistes, die aus unseren Herzen strömt und mitten in unseren Ehen und in jedem Moment unseres Lebens wirkt.

UNSERE ROLLE IN GOTTES GESCHICHTE

Haben Sie jemals über die Tatsache nachgedacht, dass Sie in Gottes Geschichte eine Rolle spielen? Oder gehen wir noch weiter: Haben Sie je darüber gestaunt? Gott erschuf die Welt und die Menschen lehnten sich gegen Gott auf. Darum schickte Gott Propheten, um sein Volk zu warnen, er sandte Priester, die für sein Volk eintreten sollten, und Könige, um es zu führen, aber nicht viele kehrten zu Gott um. Schließlich schickte Gott seinen Sohn, um seinem Volk den Weg zu zeigen, aber sogar auf ihn hörten nur sehr wenige Menschen. Dann starb Jesus, um für die Sünden der Menschheit zu büßen. Er erstand auf aus dem Grab und stieg in den Himmel auf, wo er mit dem Vater regiert. Als er die Erde verließ, sandte Jesus den Heiligen Geist. Er sollte in den Gläubigen wohnen und ihnen die Macht verleihen, den Auftrag Jesu auf der Erde weiterzuführen.

Bevor die Geschichte der Menschen endet und der Retter und Richter wiederkehrt, um zu retten und zu richten, wurden Sie geboren. Sie sind jetzt von Gott berufen, die Macht des Heiligen Geistes durch Ihre Lebensweise zu demonstrieren. Das ist Ihr Auftrag, bis er Sie zu sich ruft oder bis er wiederkommt und die menschliche Geschichte an ihr Ende bringt, und dann werden Sie belohnt – durch den Gott, der Sie schuf, den Sohn, der für Sie starb, und den Heiligen Geist, der Ihnen Vollmacht gab. Sie werden dafür belohnt, dass Sie der Welt ein genaues Bild von Gottes Liebe vor Augen gemalt haben. All das findet seinen Höhepunkt in der Hochzeit des Lammes, bei der Sie sich mit den Gläubigen aller Zeiten zur Braut vereinigen und mit dem einzig wahren König verheiratet werden. Mit ihm werden Sie die gesamte Ewigkeit hindurch leben und regieren.

Das ist die Geschichte, an der wir teilhaben sollen. Jeder von uns spielt eine winzige, aber bedeutende Rolle. Auch unsere Ehen spielen eine bedeutende Rolle in Gottes großem Plan. Wir sollen ein so attraktives Bild der Ehe zeigen, dass die Menschen sich nach der zukünftigen Vermählung mit Jesus sehnen. Gott trägt uns auf, durch unsere Ehe die Liebe und Demut Christi sichtbar zu machen. Wir werden uns später damit beschäftigen, was das bedeutet. Denken Sie zunächst einmal darüber nach: Die Ehe, die Sie jetzt führen, spielt eine Rolle in Gottes ewigem Plan.

Ein Teil unserer Aufgabe als Christen ist es, den Menschen Gottes Geschichte zu erzählen. Jeder von uns sollte regelmäßig mit anderen darüber sprechen, wer Jesus ist und was er getan hat. Das ist wichtig und wir dürfen uns niemals unseres Herrn schämen (Matthäus 10,32-33). Aber es ist das eine, das Evangelium *zu predigen*, und etwas anderes, das Evangelium *sichtbar zu machen*.

Tatsächlich ist es Auftrag der Gemeinde, das Evangelium sichtbar zu machen – die Gemeinde existiert, um Gottes Eigenschaften zur Schau zu stellen. Wir können über die Vergebung Christi reden, aber in der Gemeinde *zeigen* wir, wie Vergebung geschieht. Jesus wusch den Jüngern die Füße, dann sah er sie an und trug ihnen auf, das Gleiche zu tun (Johannes 13,14-15). Wir sollen das nachahmen, was Jesus getan hat, damit die Welt ihn sehen kann.

Bedenken Sie auch: Das Wort „einander" kommt 59 Mal im Neuen Testament vor. 59 Mal geben uns die Verfasser des Neuen Testaments Anweisungen, die wir nicht befolgen können, ohne uns einem anderen Glied der Gemeinde zuzuwenden und das Wesen Gottes sichtbar zu machen. Es ist unmöglich, dieses „einander" allein oder nur im Inneren nachzuvollziehen. Die Befehle, in denen es um „einander" geht, verlangen von uns, dass wir das Evangelium in der Gemeinschaft mit anderen umsetzen.

Während Jesus auf der Erde war, offenbarte er der Welt, wie Gott ist. Für heute aber gilt: Jesus hat die Gemeinde aufgebaut, uns seinen Auftrag anvertraut und uns durch den Heiligen Geist bevollmächtigt.

Es ist unsere Aufgabe, der Welt zu offenbaren, wie Gott ist, und zwar durch die Art, wie wir miteinander leben. Jesus sagt sogar, dass die Welt an der Einheit seiner Nachfolger erkennen kann, dass er von Gott gesandt war. Ich übertreibe nicht – lesen Sie es selbst nach: Johannes 17,20-23.

Gott für die Welt sichtbar zu machen ist der Zweck der Gemeinde und es ist auch der Zweck der Ehe. Die Menschen sollen sehen, wie ich meiner Frau diene und dabei eine Ahnung von der Demut bekommen, die Christus vorgelebt hat. Jeder, der sieht, mit wie viel Freude Lisa meiner Führung folgt, soll ein tieferes Verständnis dafür gewinnen, was es für die Gemeinde bedeutet, Christus aus Achtung und Vertrauen zu folgen. Gott schuf die Ehe als Bild, das Christus für die Welt sichtbar macht.

Was ich mit all dem sagen will: Ich bleibe fest dabei, dass in Ihrer Ehe mehr auf dem Spiel steht als nur Ihre Ehe. Die Schönheit des Evangeliums steht auf dem Spiel.

EHE UND SCHWACHHEIT – LISA

Es geht mir so leicht über die Lippen, dass ich Christus ähnlich sein möchte. In Gedanken bin ich sofort bei seiner Liebe, seiner Güte, den Heilungen und seiner Lehre – für all das möchte ich gern ein Beispiel sein. Aber es macht mich betroffen, wenn ich sehe, was es darüber hinaus bedeutet, Christus ähnlich zu sein: Demut, Opfer, Vergebung und Leiden. Es ist schwer, in dieser Hinsicht ein Beispiel zu geben, diesen Dingen gehen wir oft aus dem Weg.

Darum sagt Jesus den Leuten, sie sollen die Kosten überschlagen, wenn sie ihm nachfolgen wollen. Wenn große Menschenmengen zusammenkamen, um ihn zu sehen und zu hören, wusste er, dass viele nur dabei waren, weil sie etwas erleben wollten. Sie wollten Jesus nicht sagen hören: „Verleugne dich selbst, nimm dein Kreuz auf dich und folge mir nach." Viele waren nicht so weit von Jesus zu hören, dass sie ohne die Bereitschaft, all ihr Hab und Gut aufzugeben, nicht wert waren, seine Jünger zu sein (Lukas 14,33). Jesus wollte, dass jeder seine Begeisterung für ihn noch einmal überprüfte.

> Ein Diener ist nicht größer als sein Herr. (Johannes 13,16)

Warum gehen wir als Diener Christi davon aus, dass wir ein Leben ohne Opfer und Leid führen können? Wenn Jesus sein Leben hingab, müssen wir bereit sein, das Gleiche zu tun. Er hinterließ uns ein Beispiel, dem wir *folgen* sollen. Johannes sagt: „Wer behauptet, dass er zu Gott gehört, soll leben, wie Christus es vorgelebt hat" (1. Johannes 2,6). Die Behauptung, Christ zu sein, ist bedeutungslos, wenn ich mich nicht auf *alles* einlasse, was zur Christusähnlichkeit gehört.

Stellen Sie sich vor, Sie sitzen in dieser Menge, zu der Jesus spricht. Vielleicht sind Sie aus Verzweiflung hingegangen oder sogar nur, weil Jesus in aller Munde ist. Doch während Sie ihm zuhören, spüren Sie, dass das genau das ist, was Sie brauchen. Und plötzlich hören Sie ihn sagen: „Wer nicht sein Kreuz trägt und mir auf meinem Weg folgt, kann nicht mein Jünger sein" (Lukas 14,27; Gute Nachricht Bibel). Werden Sie sich dafür entscheiden?

Inmitten einer wunderbaren Ehe, richten Sie da Ihren Blick auf den Geber statt auf die Gabe? Inmitten einer schwierigen Ehe, nehmen Sie da um der Gerechtigkeit willen Leiden auf sich? Sind Sie bereit, dem Beispiel Christi zu folgen und ein Leben zu führen, das der Berufung *würdig* ist, zu der Sie berufen wurden (Epheser 4,1)? Sie sind dazu berufen, Christus ähnlich zu sein, und Gott sei Dank beruft er uns nicht zu etwas, das er nicht auch voll und ganz in uns verwirklichen kann. Vielleicht fühlen Sie sich nicht Christus ähnlich, aber Sie sind dazu berufen.

Ich weiß nicht, warum wir meinen, wir müssten uns immer gut oder stark oder zu etwas fähig oder bereit fühlen. Sehr oft wissen wir, welchen Pfad wir einschlagen sollen – in der Ehe oder auch in anderen Lebensbereichen –, aber wir tun es nicht, weil wir uns nicht „danach fühlen".

Eins weiß ich ganz gewiss, und zwar, dass man sich nicht auf seine Gefühle verlassen darf. Keine Sekunde lang. Viel zu oft beruhen Gefühle auf Vorstellungen, Selbstschutz, Ängsten und Affekten.

Ich sah einmal einen Autoaufkleber, auf dem stand: „Glaube nicht alles, was du denkst." Ich weiß, es ist nur ein Aufkleber. Aber es steckt trotzdem eine tiefe Wahrheit darin. Sie *denken* vielleicht, dass Sie schwach sind. Sie *denken* vielleicht, dass es keine Hoffnung gibt. Sie *denken* vielleicht, es müsste Ihnen immer danach zumute sein, Gott zu gehorchen, aber Sie sollten nicht alles glauben, was Sie denken.

> (Gott sagte:) „Meine Gnade ist alles, was du brauchst. Meine Kraft zeigt sich in deiner Schwäche." Und nun bin ich zufrieden mit meiner Schwäche, damit die Kraft von Christus durch mich wirken kann. Da ich weiß, dass es für Christus geschieht, bin ich mit meinen Schwächen, Entbehrungen, Schwierigkeiten, Verfolgungen und Beschimpfungen versöhnt. Denn wenn ich schwach bin, bin ich stark. (2. Korinther 12,9-10)

Ich finde es unglaublich, dass Gottes Gnade *gerade* dann, wenn wir uns schwach und verzweifelt fühlen, mehr als genug ist. Stellen Sie sich vor: Gottes Kraft ist so groß, dass Paulus sich seiner Schwäche rühmt, anstatt daran zu verzweifeln – so zu denken sollte uns grundlegend verändern.

Oft erkennen wir unsere Schwachheit, aber wir erkennen nicht, was Gott dadurch bewirken kann. An dieser Stelle geben viel zu viele Menschen auf, die doch von sich behaupten, den allmächtigen Gott zu kennen. „Ich kann es einfach nicht" ist für Menschen, die Gott kennen, eine dumme Aussage. So etwas sollte in unserem Vokabular gar nicht vorkommen. „Ich kann das nicht" sollte ersetzt werden durch „alles ist mir möglich durch Christus, der mir die Kraft gibt, die ich brauche" (Philipper 4,13). Schwachheit sollte uns dazu bringen, uns Christus auf eine Weise auszuliefern, wie wir es nie zuvor getan haben. Wir sollten nach dem Einen schreien, der ebenfalls Schwachheit kannte, der auf jede Art versucht wurde, der den Drang kennt, aufzugeben, einfach weiterzugehen, das eigene Ziel zu verfolgen.

> Denn wir haben nicht einen Hohenpriester, der nicht Mitleid haben könnte mit unseren Schwachheiten, sondern der in allem in gleicher Weise wie wir versucht worden ist, doch ohne Sünde. (Hebräer 4,15; Elberfelder)

Wenn Sie schwach sind, ist er stark. Wenn Ihnen nach Aufgeben zumute ist, zeigt er Ihnen, wie Sie treu bleiben können.

Im Zentrum des Evangeliums finden wir Sieg. Den Sieg über das Gericht. Den Sieg über den Tod. Den Sieg über die Sünde.

Hören Sie an dieser Stelle genau zu – denn ich möchte diejenigen von Ihnen nicht verlieren, die so viele Niederlagen erlebt haben, dass sie unbewusst aufgehört haben daran zu glauben, dass ein Sieg möglich ist. Jeder Mensch hat die Wahl, im Hinblick auf das Evangelium zu denken, zu handeln und zu reagieren. Tatsächlich kann eine Ehe scheitern, weil eine Person sich weigert, das zu tun. Aber genauso gut kann eine Ehe gelingen, wenn nur eine von zwei Personen dazu bereit ist. Den ultimativen Sieg haben Sie errungen, wenn Sie vor Gott ein ruhiges Gewissen haben, weil Sie wissen, dass *Sie* alles daran gesetzt haben, Christus zu ehren.

> Denkt daran, welche Anfeindung er von den sündigen Menschen erdulden musste! Das wird euch helfen, mutig zu bleiben und nicht aufzugeben. In eurem Kampf gegen die Sünde ist es bis jetzt noch nicht auf Leben und Tod gegangen. (Hebräer 12,3-4; Gute Nachricht Bibel)

Einige der wunderbarsten und am stärksten vom Heiligen Geist erfüllten Menschen, die ich kenne, haben in ihrer Ehe große Not durchgemacht. Ich sehe da einen Zusammenhang. Ich habe miterlebt, wie genau diese Menschen eine innige Vertrautheit mit ihrem Heiland erfuhren, als sie mit Schmerz, Vergebung und Demut kämpften. Paulus ermahnt uns: „… werdet nicht müde zu tun, was gut ist. Lasst euch nicht entmutigen und gebt nie auf, denn zur gegebenen Zeit werden wir auch den entsprechenden Segen ernten“ (Galater 6,9). Ich habe tatsächlich gesehen, was diese wundervollen Menschen geerntet haben: Sie strahlen die Liebe Christi aus. Friede und Freude strömen aus ihrem Leben und sie sind ein lebendiges Zeugnis dafür, dass Gottes Gnade wirklich und wahrhaftig alles war, was sie brauchten.

Mein Herz sehnt sich danach, Gottes Menschen in der Kraft und im Sieg des Evangeliums leben zu sehen. Wir müssen aufhören, unseren Gott zu unterschätzen! Petrus erinnert uns daran, dass „... seine göttliche Kraft uns *alles* (gibt), *was wir brauchen, um ein Leben zu führen, über das sich Gott freut*“ (2. Petrus 1,3; Hervorhebung vom Autor). Ja, getrennt von Christus sind wir schwach und voller Sünde. Doch verbunden mit ihm haben wir alles, was wir brauchen, um ein gottgefälliges Leben zu führen. Petrus sagt allen:

> Setzt deshalb alles daran, dass aus eurem Glauben sittliche Bewährung erwächst, aus der sittlichen Bewährung Erkenntnis, aus der Erkenntnis Selbstbeherrschung, aus der Selbstbeherrschung Standhaftigkeit, aus der Standhaftigkeit echte Frömmigkeit, aus der Frömmigkeit Liebe zu den Glaubensgeschwistern, aus der Liebe zu den Glaubensgeschwistern Liebe zu allen Menschen. Wenn ihr dies alles habt und ständig darin zunehmt, wird sich das auswirken und Frucht bringen in einer vertieften Erkenntnis unseres Herrn Jesus Christus. (2. Petrus 1,5-8; Gute Nachricht Bibel)

Es ist möglich, in unserer Erkenntnis von Jesus ohne Wirkung und ohne Frucht zu sein. Ich möchte das nicht. Ich hoffe, Sie auch nicht.

Ich denke immer, es gibt nur einen Weg, in all diesen Eigenschaften „zuzunehmen“, beziehungsweise in unserer Christusähnlichkeit: Wenn auch die Zeit und die Mühe zunimmt, die wir darauf verwenden, ihn besser kennenzulernen. Wenn wir drastisch mehr Zeit im Gebet verbringen. Das ist schwierig. Ich weiß, wie viele Dinge unsere ständige Aufmerksamkeit beanspruchen. Manchmal fühle ich mich, als ob mich nur ein Augenblick davon trennt, aus dem Fleisch heraus zu handeln. Auf der Welle einer guten stillen Zeit mit Jesus kann ich einen oder zwei Tage reiten, manchmal sogar eine Woche lang! Aber dann geht dieser innere Kampf wieder los. Je weniger ich im Einklang mit dem Heiligen Geist bin, desto schwächer werde ich geistlich. Wenn ich Christus ähnlich werden soll, muss ich wirklich eng bei Christus bleiben. Und ich muss mich an das erinnern, was Jesus sagt:

> Ich gebiete euch, einander genauso zu lieben, wie ich euch liebe. Die größte Liebe beweist der, der sein Leben für die Freunde hingibt. Ihr seid meine Freunde, wenn ihr tut, was ich euch auftrage. (Johannes 15,12-14)

Die Liebe, die Christus dazu brachte, ans Kreuz zu gehen, war für ihn weder leicht noch schmerzlos. Im Gegenteil, er quälte sich und rang mit dem Vater, ob es keine andere Möglichkeit gäbe. Seine große Liebe kostete einen hohen Preis. Wir wollen, dass unsere Ehe mit Liebe erfüllt ist, aber vielleicht haben wir vergessen, auf welche Weise wir das am besten erreichen können: indem wir das Evangelium sichtbar machen. Geben Sie Ihr ganzes Leben für Ihren Mann oder Ihre Frau hin, doch letzten Endes für Christus. Sind Sie bereit zu sterben? Jetzt, genau in diesem Moment, sagt Jesus zu uns: „Wenn einer von euch mit mir gehen will, muss er sich selbst verleugnen, jeden Tag aufs Neue sein Kreuz auf sich nehmen und mir nachfolgen“ (Lukas 9,23).

FAZIT

Das Leben dreht sich um Jesus. Wir sind nicht hier, um unsere Geschichte zu erzählen, sondern seine. Wir sind hier, um seine Geschichte zu leben, nicht unsere.

> Euer Leben gleicht doch dem Nebel am Morgen – schon nach kurzer Zeit ist er wieder verschwunden. (Jakobus 4,14)

Wie wollen Sie also den Dunstschleier Ihres Lebens verbringen? Und was wollen Sie mit dem kleinen Anteil Ihres Dunstschleiers machen, den wir Ehe nennen? Werden Sie versuchen, Ihr eigenes Leben in den Mittelpunkt der Aufmerksamkeit zu rücken? Oder werden Sie Ihre gesamte Mühe darauf verwenden, die Aufmerksamkeit auf Gott zu lenken, der allein aller Ehre würdig ist? Sie haben eine Rolle in seiner Geschichte zu spielen. Ihre Ehe hat eine Rolle zu spielen. Aber das Ganze – Ihr Leben, Ihre Ehe – wird in völliger Bedeutungslosigkeit untergehen, wenn Sie es nicht zur Ehre Gottes einsetzen.

Ich wurde vom allmächtigen Gott geliebt, gesucht und gerettet. Er gab sein Leben am Kreuz hin, um mich zu Gott zu bringen, und jetzt erfüllt er mich mit seinem Heiligen Geist. Eines Tages wird mich Jesus in eine herrliche Ewigkeit mitnehmen. Aber jetzt habe ich erst einmal den Auftrag, anderen seine Geschichte zu erzählen. All diese Wahrheiten haben zur Folge, dass sich mein Leben von dem eines Menschen, der diese Dinge nicht glaubt, radikal unterscheidet.

Christus kam, um uns „das Leben in ganzer Fülle zu schenken" (Johannes 10,10). Wenn wir voll sind von seinem überreichen Leben, fließen wir über. Wir haben mehr als genug zum Weitergeben. Und so ist die Ehe eigentlich gedacht: Wir finden unsere Identität und Erfüllung in Christus, wir füllen uns bis über den Rand mit den Früchten des Geistes und dann schütten wir all das über unserem Ehepartner aus – Liebe, Freude, Friede, Geduld, Freundlichkeit und Sanftmut. Jesus füllt uns so aus, dass wir uns nicht darüber beschweren, wenn andere unsere Bedürfnisse nicht erfüllen. Er gibt uns mehr Gutes, als wir bewältigen können. Wir verbringen unser Leben damit, andere mit dem Segen zu segnen, den wir selbst empfangen.

> Der Herr ist mein Hirte, ich habe alles, was ich brauche. (Psalm 23,1)

ZUR TAT SCHREITEN

Wir haben gerade sehr viele grundlegende Dinge behandelt. Und obwohl wir noch nicht sehr praktisch geworden sind im Hinblick darauf, wie Ihre Ehe funktionieren soll, haben wir Ihnen eine Menge Denkanstöße gegeben, wie das Evangelium Ihre Ehe verändern kann. Jetzt wird es Zeit, darauf zu reagieren.

VERBRINGEN SIE ZEIT MIT GOTT.

- *Suchen Sie sich einen Ort, an dem Sie ungestört sind, und bleiben Sie einfach in seiner Gegenwart.*
- *Sprechen Sie ehrlich mit Gott über Ihre Ängste in Bezug auf Ihre Ehe, über Schuld aus Ihrer Vergangenheit, über Ihr Misstrauen ihm gegenüber – und über alles andere, was Sie bewegt. Legen Sie es vor ihn hin.*

- *Nehmen Sie sich dann Zeit, um ihm für die Kraft des Evangeliums zu danken und dafür, dass er in Ihrer Schwachheit stark ist. Danken Sie ihm für das unverdiente Geschenk seiner Gnade, die Sie verändert.*

ERSTELLEN SIE EINE LISTE: WAS BEWIRKT DAS EVANGELIUM IN IHNEN?

- *Schreiben Sie auf, was Jesus alles für Sie getan hat. Was tat er und was bedeutet das? Inwiefern verändert sich dadurch Ihr Leben? Das sollte eine ziemlich lange Liste werden!*

- *Notieren Sie dann, auf welche Weise das Evangelium Ihre Ehe verändern sollte. Jesus ist unser Leitbild für eine opferbereite Liebe – wie sollte sein Beispiel sich auf Ihren Umgang mit Ihrem Ehepartner auswirken? Auf welche Weise sollte die Gabe des Heiligen Geistes Ihre Ehe beleben? Schreiben Sie dabei grundsätzliche Wahrheiten auf (z. B. „das gibt mir Kraft, wenn mir nicht nach Dienen zumute ist“) ebenso wie bestimmte konkrete Schritte (z. B. „das macht mich bereit, freundlich mit meinem Ehepartner zu reden, wenn …“).*

Lernen Sie gut zu kämpfen

EHE UND DAS BEISPIEL CHRISTI

Wir leben in einer Zeit, in der man Christen sagen muss, dass sie eigentlich wie Christus leben sollten. Das ist seltsam. Noch verrückter ist, dass Menschen sich sogar gegen diese Ansicht wehren. „Christen" haben sich schlaue Argumente ausgedacht, um zu erklären, warum die Nachfolger eines leidenden Dieners wie Könige leben sollten. Ich erwarte ehrlich nicht von Ihnen, dass Sie meine (offenbar unglaubliche) Behauptung, *Christen* sollten *Christus* ähnlich sein, einfach so akzeptieren. Ich ermutige Sie, das Neue Testament zu lesen und Ihre eigenen Schlüsse zu ziehen.

Es ist tröstlich zu wissen, dass dieser Kampf nicht neu ist. Johannes hielt es für notwendig, den Gläubigen Folgendes in Erinnerung zu rufen: „Wer behauptet, dass er zu Gott gehört, soll leben, wie Christus es vorgelebt hat" (1. Johannes 2,6). Auch Paulus begegnete diesem Problem, als er sich entschied, wie Christus zu leiden, während andere selbst ernannte „Apostel" auf Ehre und Reichtum aus waren. Er musste die Gläubigen in Korinth ermahnen: „Und ihr solltet meinem Beispiel folgen, so wie ich Christus folge" (1. Korinther 11,1). Achten Sie auf Paulus' Sarkasmus, als er ihnen zeigt, wie sehr sich er und die anderen Apostel, die dem Vorbild Jesu folgten, von den Gläubigen unterschieden, die lieber falschen Lehrern in ein Luxusleben nachlaufen wollten:

> Ihr meint, ihr hättet schon alles, was ihr braucht! Ihr seid schon reich! Ihr seid Könige geworden, und zwar ohne uns! Ich wünschte, ihr säßet tatsächlich schon auf eurem Thron, denn dann würden wir mit euch herrschen! Aber manchmal habe ich den Eindruck, dass Gott uns Apostel als die Geringsten erscheinen lässt, wie zum Tode Verurteilte. Wir sind ein Schauspiel geworden für die ganze Welt – für Menschen wie für Engel. Wegen unserer Hingabe an Christus hält man uns für Narren – ihr aber seid klug in Christus. Wir sind schwach – ihr aber seid stark. Ihr seid angesehen – wir werden ausgelacht. Bis zu dieser Stunde leiden wir Hunger und Durst und sind unbekleidet. Wir werden geschlagen und haben kein eigenes Dach über dem Kopf. Wir haben uns mühsam mit unseren eigenen Händen unseren Lebensunterhalt verdient. Wir segnen die, die uns beschimpfen. Wir haben Geduld mit denen, die uns verfolgen. Wir sind freundlich zu denen, die Böses über uns sagen. Und doch werden wir behandelt, als wären wir die Sündenböcke der Welt, von allen der Abschaum – und das bis zu diesem Augenblick. (...) Deshalb bitte ich euch jetzt, meinem Beispiel zu folgen und es mir gleichzutun. (1. Korinther 4,8-13 und 16)

Jesus ließ keinen Zweifel daran: Ihm nachzufolgen bedeutete – das sollten Sie begreifen – ihm nachzufolgen, nichts anderes. Die Gemeinde hat viel Mühe darauf verwendet, eine neue Form der „Nachfolge Christi“ zu erfinden, bei der es nicht mehr erforderlich ist, Jesus nachzuahmen. Obwohl Jesus es zuließ, dass seine Rechte mit Füßen getreten wurden, lehren wir, dass wir für unsere Rechte kämpfen sollen. Obwohl Jesus ein einfaches Leben führte, lehren wir, dass wir das Recht haben, im Luxus (manche nennen es lieber „komfortabel“) zu leben. Sogar wenn wir davon sprechen, dass Jesus von der Welt abgelehnt wurde, streben wir nach Beliebtheit. Haben Sie sich einmal gefragt, wie viele Follower Jesus auf Twitter haben würde? Oder wie viele Menschen „gefällt mir“ bei seinen Facebook-Einträgen anklicken würden?

> Wenn die Welt euch hasst, dann denkt daran, dass sie mich schon gehasst hat, ehe sie euch gehasst hat. (...) Denkt an das Wort, das ich euch gesagt habe: „Ein Diener ist nicht größer als sein Herr.“ Da sie mich verfolgt haben, werden sie auch euch verfolgen. Und wenn sie auf mein Wort gehört haben, werden sie auch auf euch hören!
> (Johannes 15,18 und 20)

Schlagen Sie diese Worte Jesu nach, wenn Sie noch nicht überzeugt sind: Matthäus 7,13-23; 8,18-22; 10,16-39; 19,23-30; 25,31-46; Markus 8,34-38; 10,23-45; 13,9-13; Lukas 6,20-49; 9,22-27; 12,49-53; 13,22-30; 14,26-35; 17,22-37; 18,18-30; 21,10-19; Johannes 6,52-69; 15,18-25; 16,1-4; 16,33.

Jesus redete nicht nur von seinem eigenen Leiden, sondern auch von dem Leiden, das seinen Nachfolgern bevorstand. Wenn wir die

Apostelgeschichte lesen, sehen wir, dass die ersten Christen Leiden erduldeten, genau wie Jesus es angekündigt hatte. Diese Verfolgung hat sie anscheinend nicht überrascht; im Gegenteil, sie sehen ihr Leiden im Licht des Leidens Jesu (1. Petrus 3,13-18). Petrus sagt uns, was wir zu erwarten haben:

> Meine lieben Freunde, erschreckt nicht über die schmerzhaften Prüfungen, die ihr jetzt durchmacht, als wären sie etwas Ungewöhnliches. Freut euch darüber, denn dadurch seid ihr im Leiden mit Christus verbunden ... (1. Petrus 4,12-13)

Von der Apostelgeschichte bis zur Offenbarung werden Sie feststellen, dass die Apostel genau das wiederholen, was Christus gelehrt hat. Durch das gesamte Neue Testament hindurch gilt die Aussage: Nachfolger Christi sollen Christus nachahmen. Und durch den Heiligen Geist, Gottes unschätzbares Geschenk an uns, gibt Gott uns die Fähigkeit und den Wunsch, so zu werden wie Christus. Die Frage ist also, ob wir wirklich werden wollen wie er – oder nicht.

MÖCHTEN SIE SO DEMÜTIG SEIN WIE JESUS?

Wir haben nicht genug Platz in diesem Buch, um alle Eigenschaften Jesu durchzugehen, darum wollen wir uns auf diese eine konzentrieren. Lisa und ich sind beide davon überzeugt, dass in der Demut Jesu der Schlüssel zu einer gesunden Ehe liegt, mehr als in irgendeinem anderen seiner Wesenszüge. Wenn es das erklärte Ziel zweier Menschen ist, genauso demütig zu sein wie Christus, wird sich alles andere von allein fügen. Es ist wirklich so einfach.

Auseinandersetzungen eskalieren, wenn es uns wichtiger ist, recht zu haben als Christus ähnlich zu sein. In der Hitze des Gefechts lässt man sich leicht blenden. Schnell ist man an dem Punkt, an dem man nur noch gewinnen will, selbst wenn man dafür sündigen muss. Gewöhnlich hat sich derjenige, der am Ende als Sieger dasteht, auch weniger wie Christus verhalten.

In jeder Ehe gibt es Momente, in denen wir zornig werden und zeitweilig versagen. Aber wir müssen uns über unser Ziel im Klaren sein. Was zählt mehr: einen Streit zu gewinnen oder dem Beispiel Christi zu folgen? Selbst mitten in einer heftigen Auseinandersetzung sollten wir uns fragen, ob wir gerade wie Jesus handeln.

Ich muss zugeben, dass ich unheimlich gern gewinne. Wenn ich beim Sport verliere, kann ich nicht mehr schlafen. Ich liege wach und frage mich, was ich anders hätte machen müssen. Ich hasse es zu verlieren. Wenn ich in einem Streit den Kürzeren ziehe, denke ich an alles, was ich hätte sagen sollen. Es fühlt sich großartig an, etwas zu sagen und den Gegner damit zum Schweigen zu bringen.

In einer unserer ersten Auseinandersetzungen ging es um Minigolf. Lisa und ich telefonierten miteinander und überlegten, was wir am Freitagabend unternehmen sollten. Wir wollten uns mit zwei anderen Paaren treffen und sie schlug vor, Minigolf spielen zu gehen. Ich sagte, das wäre nicht so gut, denn auf dem Platz würden sie nicht sechs Leute zusammen spielen lassen. Wir müssten uns dann in zwei Gruppen aufteilen. Darauf antwortete sie: „Das ist ja blöd. Bist du dir da sicher? Das ergibt doch gar keinen Sinn."

Ein kluger Mann hätte das einfach auf sich beruhen lassen, aber ich fing an zu erklären, warum es doch einen Sinn ergab, denn eine Gruppe von sechs Leuten würde sich langsamer vorwärts bewegen als zwei Gruppen mit drei Leuten. Sie gab mir zu verstehen, dass sie nicht kapierte, was ich da erzählte, und dass ich falsch lag. Wieder hätte ein kluger Mann an dieser Stelle den Mund gehalten. Ein demütiger Mann legt es nicht darauf an, das letzte Wort zu haben. Ich entschied mich für den dummen, hochmütigen Weg. Ich schickte ein Fax an ihren Arbeitsplatz, in dem ich die Geschwindigkeit einer Gruppe von sechs Leuten dem Tempo zweier Gruppen von drei Leuten grafisch gegenüberstellte. Ich war unreif. Ich machte alles nur noch schlimmer, aber ich gewann den Streit.

Im Lauf der Jahre haben wir uns über vieles gestritten – Monopoly, Scrabble, Tabu, Die Siedler von Catan, die Größe meines Gehirns, Mariah Carey, den Weihnachtsmann … was auch immer. Wir hatten auch ernsthaftere Auseinandersetzungen darüber, wie wir die Kinder erziehen, wofür wir unser Geld ausgeben und wie wir unsere Zeit verbringen wollten. Wir streiten nicht sehr viel, aber es kommt vor. Wir sind beide Menschen und wir behalten beide gern recht. Ich schätze, damit sind wir nicht allein.

Mehr als alle anderen Bibelverse bringt uns Jakobus 4,6 bei diesem Thema wieder zur Vernunft: „Gott stellt sich den Stolzen entgegen, den Demütigen aber schenkt er Gnade."

Diejenigen unter uns, die es sich auf die Fahnen geschrieben haben, um jeden Preis gewinnen zu wollen, sollte dieser Vers bis ins Mark erschüttern. Nur ein Dummkopf würde so viel opfern, um in irgendeinem Streit als Gewinner dazustehen. Lassen Sie das auf sich wirken: Gott tritt dem Stolzen aktiv entgegen, er stellt sich gegen ihn. Der Stolz, den Sie brauchen, um Ihren Streit zu gewinnen und Ihren „Feind" zu besiegen, verschafft Ihnen einen neuen Gegner: Gott.

Können Sie sich etwas Schlimmeres vorstellen, als gegen Gott zu kämpfen? Gott kämpft für die Demütigen. Er gießt seine Gnade über den Demütigen aus. Jeder von uns möchte gern gewinnen, aber sind wir bereit, auf die Gnade Gottes zu verzichten und uns Gott entgegenzustellen? Und wenn das geschieht, haben wir dann wirklich gewonnen? Nichts ist besser, als mit Gottes Gnade überschüttet zu werden, und nichts könnte schlimmer sein, als auf Gottes Widerstand zu treffen.

SIND SIE GESTORBEN UND SIND SIE WIE JESUS?

Jeden Tag werden Sie von der Welt mit Botschaften bombardiert, in denen es um Macht, Unabhängigkeit und Kontrolle geht. Jesus sagt Ihnen das Gegenteil: Sie sollen Ihr Ich sterben lassen.

> Ich lebe, aber nicht mehr ich selbst, sondern Christus lebt in mir. Ich lebe also mein Leben in diesem irdischen Körper im Glauben an den Sohn Gottes, der mich geliebt und sich selbst für mich geopfert hat. (Galater 2,20)

Das ist kein Christsein auf höherem Niveau, kein Aufbaukurs, nichts, das besondere Anerkennung verdient. Es ist einfach das, worauf wir uns eingelassen haben – dass unser Ich stirbt und wir Christus ähnlich werden. In ihrem Bemühen, „Bekehrte" zu gewinnen, erzählen Christen oft nicht die ganze Wahrheit. Wir möchten, dass Menschen Jesus nachfolgen, und verhalten uns wie unseriöse Verkäufer, die die Vorzüge eines Produkts anpreisen, ohne die Kosten zu erläutern. Wir erzählen, dass Jesus Leben und Vergebung verspricht, und verschweigen seinen Ruf zur Umkehr und zum Gehorsam. Jesus hat angekündigt, dass wir Verfolgung erfahren werden, und auch darum machen wir einen Bogen. Wenn wir so vorgehen, setzen wir das Evangelium herab. Die Schönheit des Evangeliums ist doch gerade, dass Christus einen so überragenden Wert hat, dass wir bereitwillig alles hingeben würden, um ihn zu haben. Er ist so schön, dass es dumm von uns wäre, ihm zu widerstehen und nicht so werden zu wollen wie er.

> Dann sagte Jesus zu den Jüngern: „Wer von euch mir nachfolgen will, muss sich selbst verleugnen und sein Kreuz auf sich nehmen und mir nachfolgen. Wer versucht, sein Leben zu behalten, wird es verlieren. Doch wer sein Leben für mich aufgibt, wird das wahre Leben finden." (Matthäus 16,24-25)

> Ja, alles andere erscheint mir wertlos, verglichen mit dem unschätzbaren Gewinn, Jesus Christus, meinen Herrn, zu kennen. Ich habe alles andere verloren und betrachte es als Dreck, damit ich Christus habe und mit ihm eins werde. Ich verlasse mich nicht mehr auf mich selbst oder auf meine Fähigkeit, Gottes Gesetz zu befolgen, sondern ich vertraue auf Christus, der mich rettet. Denn nur durch den Glauben werden wir vor Gott gerecht gesprochen. Mein Wunsch ist es, Christus zu erkennen und die mächtige Kraft, die ihn von den Toten auferweckte, am eigenen Leib zu erfahren. Ich möchte lernen, was es heißt, mit ihm zu leiden, indem ich an seinem Tod teilhabe, damit auch ich eines Tages von den Toten auferweckt werde! (Philipper 3,8-11)

Die Taufe soll Ausdruck unseres Todes und unseres Begräbnisses mit Christus sein. Wenn ein Christ sich aus dem Wasser erhebt, ist dies ein Bild für die Auferstehung – er wird mit einem neuen Leben, einer neuen Identität aus dem Grab emporgehoben (siehe Römer 6,1-10). Ihr Problem könnte sein, dass Sie gar nicht tot sind. Ihr Ich ist nie wirklich gestorben. Stellen Sie sich vor, wie Ihr Körper leblos an einem Kreuz hängt. Paulus erklärt ganz sachlich, dass genau das mit denen geschieht, die zu Christus gehören – „der alte Mensch, der wir früher waren, ist mit Christus am Kreuz gestorben" (Römer 6,6; Gute Nachricht Bibel). Darauf haben wir uns eingelassen. Wir haben Gott gesagt, dass wir nicht mehr für uns selbst leben wollen. Wir wollen, dass er die Herrschaft übernimmt. Ja, wir wollen tatsächlich einen Meister haben. Anders als Adam und Eva im Garten Eden wollen wir uns Gottes Herrschaft unterwerfen. Mit Freude geben wir uns selbst hin. Es macht uns glücklich zu sehen, wie unser Leben in seinen Besitz übergeht.

> Denn *ihr seid gestorben,* als Christus starb, und euer wahres Leben ist mit Christus in Gott verborgen. Wenn *Christus, der euer Leben ist,* der ganzen Welt bekannt werden wird, dann wird auch sichtbar werden, dass ihr seine Herrlichkeit mit ihm teilt. (Kolosser 3,3-4, Hervorhebung vom Autor)

JESUS ÜBERSETZEN

Vor einigen Jahren predigte ich mithilfe eines Übersetzers in Brasilien. Nachdem eine meiner Äußerungen übersetzt worden war, brachen alle in Gelächter aus. Normalerweise wäre das ein gutes Zeichen, aber in diesem Fall hatte ich nichts Lustiges gesagt! Offensichtlich war beim Übersetzen etwas verdreht worden. Und dann kam mir ein Gedanke: Dieser Übersetzer könnte jetzt *irgendetwas* sagen, und ich würde den Unterschied nicht merken. Er könnte mir seine eigenen Worte in den Mund legen und ich würde es nie erfahren!

Manchmal können wir wie Übersetzer sein, die aus dem Ruder laufen. Unsere Aufgabe besteht einzig und allein darin, wie Christus zu handeln und der Welt seine Botschaft zu bringen, aber wir tun und sagen stattdessen eigene Dinge. Wir sind dazu berufen, Übersetzer für Gott zu sein. Wir sollen ihn repräsentieren und in seinem Namen sprechen.

> So sind wir Botschafter Christi, und Gott gebraucht uns, um durch uns zu sprechen. Wir bitten inständig, so, als würde Christus es persönlich tun: „Lasst euch mit Gott versöhnen!“ (2. Korinther 5,20)

Statt mit donnernder Stimme vom Himmel zu reden, hat Gott beschlossen, durch uns als seine Botschafter zu sprechen. Und er wählte die Ehe als Reklamefläche, um seine Botschaft laut werden zu lassen. Deshalb beruft er uns, unsere Ehebeziehungen so aufzubauen, dass sie ihn exakt widerspiegeln.

Der bekannteste Text über die Ehe steht in Epheser 5. Hier erklärt der Apostel Paulus, wie unsere eheliche Beziehung die Beziehung zwischen Christus und der Gemeinde abbilden soll. Und hier beschreibt er auch unsere Rollen in der Ehe. Über diese Verse ist viel diskutiert worden. Die einen nehmen die Beschreibung der Rollen in der Ehe wörtlich und die anderen meinen, diese Anweisungen wären auf die damalige Zeit und Kultur beschränkt und würden heute nicht mehr gelten.

Während meines Studiums habe ich gelernt, dass jede Streitfrage zwei Seiten hat. Und auf beiden Seiten stehen Wissenschaftler, die intelligenter sind als ich. Es blieb mir also nur übrig, die Bibel zu studieren, zu beten, mein Herz zu prüfen und eine Entscheidung zu treffen. Mein Ziel ist, vor Gott zu stehen und sagen zu können: „Ich habe mich mit diesem Text beschäftigt und darüber gebetet. Ich habe versucht meine persönlichen Wünsche zu ignorieren und diese Verse nach bestem Wissen ausgelegt. Ich glaube, so sind sie zu verstehen, und ich habe mein Möglichstes getan, um danach zu leben." Außerdem gebe ich mir Mühe, meine Meinung in Demut zu vertreten, und bin offen dafür, dass Gott mir zu jeder Zeit in der Zukunft eine bessere Auslegung schenken kann, indem ich weiter studiere, bete und mein Herz prüfe.

Lisa und ich haben uns über die Jahre hinweg mit diesem Text und den damit verbundenen Fragen beschäftigt und wir sind zu dem Schluss gekommen, diese Verse wörtlich zu nehmen und in unserem Leben genau das zu befolgen, was dort steht. Nach unserem Verständnis beruft Gott die Männer, demütig zu leiten und ihrer Frau zu dienen mit der Bereitschaft, Opfer zu bringen. Sie sollen ihrer Frau dabei helfen, sich auf den Moment vorzubereiten, in dem sie Gott begegnet. Wir glauben, dass Gott die Frauen beruft, ihrem Mann zu folgen und ihn in seinem Streben nach Gott zu ermutigen.

Den Gehorsam gegenüber diesen Geboten betrachten wir als einzigartige Möglichkeit, um der Welt zu zeigen, wie wunderbar es sein kann, einer Leitung zu folgen, die sich Gott unterstellt. Wir leben in einer Zeit, in der die meisten Menschen Autoritäten mit Misstrauen und Ablehnung begegnen, und dies drückt sich auch in einem gewissen Widerwillen aus, sich der Herrschaft Jesu unterzuordnen. Ich frage mich oft, in welchem Maß das direkt daher rührt, dass so viele „christliche" Ehen abstoßend sind. Und ich frage mich auch, ob sich etwas daran ändern würde, wenn unsere Ehen wunderschöne Illustrationen dieser Textstelle wären.

> Ihr Ehefrauen sollt euch euren Männern unterordnen, so wie ihr euch dem Herrn unterordnet. Denn der Mann ist das Haupt seiner Frau, wie Christus das Haupt seines Leibes – der Gemeinde – ist, für die er sein Leben gab, um sie zu retten. So wie die Gemeinde sich Christus unterordnet, sollt ihr Ehefrauen euch auch euren Männern in allem unterordnen.
>
> Und ihr Ehemänner, liebt eure Frauen mit derselben Liebe, mit der auch Christus die Gemeinde geliebt hat. Er gab sein Leben für sie, damit sie befreit von Schuld ganz ihm gehört, rein gewaschen durch die Taufe und Gottes Wort. Er tat dies, um sie als herrliche Gemeinde vor sich hinzustellen, ohne Flecken und Runzeln oder dergleichen, sondern heilig und makellos. Genauso sollten auch die Ehemänner ihre Frauen lieben, wie sie ihren eigenen Körper lieben. Denn ein Mann liebt auch sich selbst, wenn er seine Frau liebt. Niemand hasst doch seinen eigenen Körper, sondern sorgt liebevoll für ihn, wie auch Christus für seinen Leib, also für die Gemeinde, sorgt. Und wir gehören zu seinem Leib. In der Schrift heißt es: „Deshalb wird ein Mann Vater und Mutter verlassen und sich an seine Frau binden und die beiden werden zu einer Einheit." Das

> ist ein großes Geheimnis, aber ich deute es als ein Bild für die Einheit von Christus und der Gemeinde. Deshalb sage ich noch einmal, dass jeder Ehemann seine Frau so lieben soll, wie er sich selbst liebt, und dass die Ehefrau ihren Mann achten und respektieren soll. (Epheser 5,22-33)

Dieser Text wendet sich sowohl an Männer als auch an Frauen. Ich werde jetzt damit beginnen, die Stellen durchzugehen, die sich an die Männer richten, und Lisa wird sich dann mit den Stellen beschäftigen, die an die Frauen gerichtet sind.

LIEBEN WIE EIN MANN

Ihr Ehemänner, liebt eure Frauen. Wie? Mit derselben Liebe, mit der auch Christus die Gemeinde geliebt hat. Er gab sein Leben für sie. Ich habe eine gewaltige Aufgabe erhalten. Von mir wird erwartet, Jesus zu sein. Meine Liebe soll Lisa an die Liebe Christi erinnern. Je länger sich unser Leben fortsetzt, desto mehr soll sie das Gefühl haben, mit Jesus verheiratet zu sein. Ich soll so selbstlos sein, dass sie an das Kreuz erinnert wird. Ich soll in so hohem Maß rein und lauter sein, dass sie nie einen Grund hat, an meiner Treue zu zweifeln. So wie sie nicht einmal im Traum daran denken würde, dass Jesus sie belügt, so sicher sollte sie sein, dass ich niemals von dem abweichen werde, was ich ihr geschworen habe.

Im Lauf der Jahre haben mir einige Frauen gesagt, dass sie, wenn sie die Rollen betrachten, die die Bibel Männern und Frauen zuteilt, die Rolle des Mannes für die leichtere halten. Ist das wirklich so? Lesen Sie die gleichen Bibelstellen wie ich? Ich verstehe, dass die Anweisungen, die Paulus den Ehefrauen gibt, schwer zu befolgen sind. Aber das

Gebot, *mit derselben Liebe zu lieben wie Christus,* ist nicht gerade ein Kinderspiel. Unsere Aufgaben scheinen gleichermaßen unmöglich zu erfüllen. Gott sei Dank für seinen Heiligen Geist!

Die Bibel sagt den Männern, sie sollen ihre Frauen lieben, *wie Christus die Gemeinde geliebt hat.* Denken wir darüber nach. Jesus blieb nicht im Himmel und redete über seine Gefühle für Sie. Seine Liebe ging weit über Worte und Gefühle hinaus. Jesus war ein Mann der Tat. Ein Mann, der alles opferte. Lange bevor Sie überhaupt geboren waren, kämpfte er um Sie – mit vollem Einsatz! Er ließ die Herrlichkeit und die Freuden des Himmels für Sie zurück. Er ertrug Folter und Hohn für Sie. Er ertrug den Zorn des Vaters für Sie. Niemand wird Sie jemals so sehr lieben oder so viel Schmerz für Sie ertragen. Er saß nicht passiv im Himmel und kritisierte Sie. Er ging Ihnen voller Eifer nach.

Und er sagt den Ehemännern einfach, sie sollen seinem Beispiel folgen.

Wir können die Liebe Christi nicht sichtbar machen, ohne zu leiden. *Jesus gab sein Leben* für die Gemeinde. Er nahm den Tod in Kauf. Es gab nichts, was er seiner Braut vorenthielt.

Während ich dies schreibe, macht es mich betroffen, wie sehr ich daran gemessen versage. Ich versuche mir vorzustellen, wie es aussehen würde, wenn ich das wirklich ausleben würde. Manche Dinge im christlichen Leben scheinen einfacher zu werden, aber auf diesen Bereich trifft das nicht zu. Manchmal bezweifle ich, dass ich jemals durchweg selbstlos und opferbereit sein werde. Dafür muss mein Ich ständig sterben, in einem Moment nach dem anderen. Jesu Maßstab ist absolut übermenschlich und Gebote wie in Epheser 5,25 können einen beinahe erschlagen.

Darum muss ich mich selbst immer wieder an die Kraft des Heiligen Geistes erinnern. Die Berufung erfordert übermenschliche Kräfte, und genau damit versorgt Gott uns durch den Heiligen Geist.

Ein Problem ist auch, dass ein großer Teil des Opfers, das ich für meine Frau bringe, verglichen mit dem Kreuz so unbedeutend erscheint: Windeln wechseln, Pflichten im Haushalt übernehmen, Gerichte essen, die sie mag – im Vergleich wirken diese Dinge so belanglos. Es ist peinlich, dass es mir sogar schwerfällt, all das zu tun! In gewissem Sinn erscheinen die großen Taten einfacher, wie mich vor sie zu werfen, wenn jemand auf sie schießt. Oder sie von einem heranrasenden Zug wegzuschubsen (da Lisa ja immer auf den Schienen spielt). Vielleicht könnte ich genug Mut für einen glorreichen Moment des Opfers aufbringen. Aber ich muss das große Ganze betrachten. Es geht nicht nur darum, Opfer zu bringen, seien sie groß oder klein. Es geht um den Charakter. Es geht darum, mich selbst loszulassen und beständig an andere zu denken. Es geht darum, wie Christus zu werden.

Wir müssen uns bewusst machen, warum Christus sein Opfer brachte:

> ... damit sie befreit von Schuld ganz ihm gehört, rein gewaschen durch die Taufe und Gottes Wort. Er tat dies, um sie als herrliche Gemeinde vor sich hinzustellen, ohne Flecken und Runzeln oder dergleichen, sondern heilig und makellos. (Epheser 5,26-27)

Warum opferte sich Jesus für die Gemeinde? Er bereitete uns darauf vor, Gott zu begegnen. Ohne sein Opfer wäre das ein entsetzliches Zusammentreffen geworden. Gott hätte einen Blick auf unsere

Sündhaftigkeit geworfen und uns zu einem schrecklichen Ende verurteilt. Aber Jesus hat all das verändert. Er opferte sich, damit wir „heilig und makellos" vor ihm stehen können. Er hätte aus Liebe nichts Größeres vollbringen können.

Wenn Sie wie Christus lieben sollen, dann müssen Sie sich auch mit der Heiligung Ihrer Frau befassen.

Obwohl Jesus am Kreuz bereits all ihre Sünde von ihr genommen hat, tragen Sie trotzdem noch eine echte Verantwortung. Sie sollen auf eine Weise lieben, leiten und Opfer bringen, die zur Heiligung Ihrer Frau führt. Sie können nichts Liebevolleres tun, als Ihre Frau näher zu Jesus zu bringen, damit sie ihm ähnlicher wird.

Ganz praktisch heißt das sie zu ermutigen, alleine Zeit mit Gott zu verbringen. Opfer zu bringen, um sicherzustellen, dass sie Zeit dafür hat. Es bedeutet, sie daran zu erinnern, dass sie die Welt und die Dinge dieser Welt nicht lieben soll und ihren Blick auf die Ewigkeit gerichtet zu halten. Es bedeutet, sie dahin zu führen, dass sie Dinge aus Liebe tut, die eine ewige Belohnung zur Folge haben. Männer, habt ihr eure Rolle als Ehemann jemals unter diesem Gesichtspunkt betrachtet? Das ist eine gewaltige Aufgabe.

BRAUCHEN SIE MOTIVATION?

Ich bin eine sehr ichbezogene Person. An manchen Tagen kommt es mir vor, als könnte ich nicht aufhören, über mich selbst nachzudenken. Interessanterweise erklärt Epheser 5, wie wir das zu unserem Vorteil nutzen können. Paulus sagt, wir sollen unsere Frau so lieben wie unseren eigenen Körper (Verse 28-29). Wir müssen uns nicht daran erinnern, „liebevoll für ihn" zu sorgen. Wir tun es ganz von allein. Mittels dieser Parallele rät uns Paulus einfach, unsere Frau als Erweiterung unserer selbst zu betrachten.

Dann macht Paulus eine faszinierende Aussage. Sie hat mich so erschüttert und ist so unglaublich, dass ich Gott immer noch darum bitte, dass ich das von ganzem Herzen glauben kann. Betrachten wir die Logik in diesen Versen:

> Genauso sollten auch die Ehemänner ihre Frauen lieben, wie sie ihren eigenen Körper lieben. Denn ein Mann liebt auch sich selbst, wenn er seine Frau liebt. Niemand hasst doch seinen eigenen Körper, sondern sorgt liebevoll für ihn, wie auch Christus für seinen Leib, also für die Gemeinde, sorgt. Und wir gehören zu seinem Leib. (Epheser 5,28-30)

Warum soll ein Ehemann seine Frau wie seinen eigenen Körper lieben? Weil es genau das ist, was Christus für uns tut. Er „sorgt liebevoll" für uns, weil wir „zu seinem Leib gehören". Überlesen Sie das nicht! Jesus sorgt für mich, wie ich für meinen eigenen Körper sorge! Lassen Sie das auf sich wirken. Glauben Sie das? Glauben Sie, dass der Sohn Gottes für Sie sorgt wie für ein Körperteil, das zu seinem Leib gehört? Das sollte Sie jetzt vor lauter Freude überwältigen! Nehmen Sie sich etwas Zeit, darüber nachzudenken und Gott für diese wunderbare Wahrheit zu danken.

Wenn wir diese Wahrheiten von ganzem Herzen glauben und über sie nachsinnen, dann fangen wir an zu verstehen, warum David sagt: „Der Herr ist mein Hirte, *mir wird nichts mangeln*" (Psalm 23,1; Elberfelder, Hervorhebung vom Autor). David war nicht bedürftig. Und auch wir sollen es nicht sein. Es gibt nichts Schlimmeres als einen bedürftigen Ehemann. Wenn Jesus für uns als Teile seines eigenen Körpers sorgt, was könnte uns dann noch fehlen? Darum sagt David, „mein Becher fließt über" (Psalm 23,5; Elberfelder).

Sind Sie bedürftig? Oder fließt Ihr Becher über? Wenn wir über all die Reichtümer nachdenken, die wir in Christus haben, dann können wir gar nicht alles für uns behalten. Stellen Sie sich ein opulentes Weihnachtsmahl vor, bei dem Sie so viel gegessen haben, dass kein Bissen mehr Platz hat. Sie bitten alle anderen, doch weiter von dem zu essen, was übrig geblieben ist, denn Sie haben viel zu viel. Genauso sollte unser Leben aussehen. Christus erfüllt uns. Mehr als das: Wir fließen über. Also wenden wir uns den Menschen um uns herum zu und geben den Überfluss an Liebe, Friede, Freude und Leben weiter.

So sieht der Plan für die Ehe aus:

1. *Es überwältigt uns, wie Christus für uns sorgt.*
2. *Also gießen wir die gleiche Liebe, die wir von Gott empfangen, über unserer Frau aus.*
3. *Die verschwenderische Liebe, die wir unserer Frau entgegenbringen, sorgt dann bei den Menschen für Fassungslosigkeit.*
4. *In der Folge erhalten wir die Gelegenheit, ihnen von der Liebe Christi zu erzählen, die uns antreibt.*

Leider funktioniert das in den wenigsten Ehen. Die Leute staunen selten, wenn sie sich christliche Ehen ansehen. Für Erschütterung sorgt nur unsere Mittelmäßigkeit. Ich nehme an, dass es Menschen schon überrascht jemanden zu sehen, der ein ganz gewöhnliches

Leben führt und doch von sich behauptet, dass der Heilige Geist in ihm wohnt.

Aber all das kann sich ändern. Es fängt damit an, dass Sie sich darüber freuen, ein Glied am Leib Christi zu sein.

> Freut euch im Herrn. Ich betone es noch einmal: Freut euch! (Philipper 4,4)

Nehmen Sie sich Zeit, sich im Herrn zu freuen. Ernsthaft. Keine Frau möchte sich von einem freudlosen Mann leiten lassen. Lassen Sie sich von Christus erfüllen, damit Sie viel haben, was Sie Ihrer Frau geben können. Finden Sie all Ihre Sicherheit und Ihren Wert darin, ein Kind Gottes zu sein, ein Glied am Leib Christi. Er „sorgt liebevoll" für Sie und das befähigt Sie, das Gleiche für Ihre Frau zu tun.

Das muss unsere Motivation sein. Ihre Freude an ihm soll Sie motivieren, seinem Beispiel zu folgen. Denken Sie daran, wie Jesus seinen Jüngern die Füße wusch und ihnen dann sagte, sie sollten sich gegenseitig die Füße waschen. Er bat sie nicht, seine Füße zu waschen, sondern sie sollten es untereinander tun. So wie Jesus für Sie sorgt, so sollen Sie für Ihre Frau sorgen.

EHE UND DEMUT – LISA

Demut ist so schön, nicht wahr? Und gleichzeitig so schwer zu erreichen. Weil wir uns selbst so sehr lieben, müssen wir darum ringen, andere *höher zu achten als uns selbst* (Philipper 2,3).

Eines Tages fasste ich den Entschluss, jedes Mal darauf zu achten, wenn sich kampflustige Gefühle in mir regten. Sie kennen das Gefühl, das man hat, wenn jemand einen kränkt, einen unterbricht, zu lange braucht, sich nicht entschuldigt, sich nicht bedankt, einen übers Ohr haut oder auf andere Art unhöflich ist. Ich verfolgte genau, wie oft mich diese Gefühle überkamen, und da wurde mir vieles klar. Es ist ein *Kampf*, sich für die Demut zu entscheiden und sich sogar in Demut zu *kleiden*.

> Als ein Gefangener für den Herrn fordere ich euch deshalb auf, ein Leben zu führen, das eurer Berufung würdig ist, denn ihr seid ja von Gott berufen worden. Seid freundlich und *demütig*, geduldig im Umgang miteinander. Ertragt einander voller Liebe. Bemüht euch, im Geist eins zu sein, indem ihr untereinander Frieden haltet. (Epheser 4,1-3; Hervorhebung vom Autor)

> Alle aber *umkleidet euch mit Demut* im Umgang miteinander! Denn „Gott widersteht den Hochmütigen, den Demütigen aber gibt er Gnade". (1. Petrus 5,5; Elberfelder, Hervorhebung vom Autor)

Das unterscheidet sich radikal von allem, was wir eigentlich gern tun würden. Es unterscheidet sich radikal vom Denken der Welt. Sie werden am Kiosk keine Zeitschriften mit Artikeln finden, die Sie dazu ermutigen, Demut zu zeigen. Stattdessen sind wir durchtränkt von Botschaften über Macht, Unabhängigkeit und Kontrolle. Wir werden mit Ratschlägen bombardiert, die uns sagen, dass wir auf unser eigenes Herz hören und unser Handeln von unseren Gefühlen leiten lassen sollen. Die ständige Bekräftigung durch die Welt und der Drang unseres eigenen Herzens machen es so leicht zu glauben, dass wir es verdient haben, auf eine bestimmte Weise behandelt zu werden.

Wir sollten nicht auf irgendjemanden hören müssen, der uns sagt, was wir tun sollen; schließlich sind wir stark und unabhängig.

Es erschreckt mich, wie leicht es ist, das Denken der Welt zu übernehmen, ohne sich dessen bewusst zu sein. Es beunruhigt mich, dass das meiste, womit wir unseren Verstand füllen, so weltlich ist. Unser Denken kann sich so weit von der biblischen Wahrheit entfernen! Überlegen Sie einmal, wie viel Zeit pro Woche Sie normalerweise damit verbringen, Fernsehsendungen und Filme zu sehen, Zeitschriften zu lesen, im Internet zu surfen und Social Media zu nutzen. Vergleichen Sie das jetzt einmal mit der Zeit, die Sie mit dem Wort Gottes und im Gebet verbringen. Ist das nicht erschreckend?

Ich will keine Schuldgefühle in Ihnen heraufbeschwören, die Sie niedergedrückt zurücklassen. Aber ich möchte Sie aufrütteln. Eine weltliche Einstellung wird uns *tatsächlich* zu schaffen machen, wenn wir nicht achtgeben und uns davor schützen. Sind Sie schon einmal mit einem geistlichen Hochgefühl von einem Seminar oder einer Freizeit zurückgekehrt, nur um dann festzustellen, dass es nicht anhält, sobald Sie wieder in der „echten Welt" sind? Warum ist das so? Weil Ihr Geist plötzlich von einer Kultur bombardiert wird, die nichts mit Jesus zu tun haben will. Sie haben Ihren geistlichen Appetit gestillt und nun fordert die Welt Sie höhnisch auf, Ihrem fleischlichen Appetit Genüge zu tun.

> Hört auf, diese Welt und das, was sie euch anbietet, zu lieben! Denn wer die Welt liebt, zeigt, dass die Liebe des Vaters nicht in ihm ist. Denn die Welt kennt nur das Verlangen nach körperlicher Befriedigung, die Gier nach allem, was unsere Augen sehen, und den Stolz auf unseren

> Besitz. Dies alles ist nicht vom Vater, sondern kommt von der Welt. (1. Johannes 2,15-16)

> Lasst euch nicht durch irgendwelche Gedankengebäude und hochtrabenden Unsinn verwirren, die nicht von Christus kommen! Sie beruhen nur auf menschlichem Denken und entspringen den bösen Mächten dieser Welt. (Kolosser 2,8)

Der Feind ist gerissen. In der denkbar raffiniertesten Machtübernahme belügt er uns in allem und besonders darüber, was wir „verdienen". Er will, dass wir so hoch von uns denken, dass ein demütiges Herz zu etwas Lächerlichem wird. Die ganze weltliche Weisheit klingt täuschend gut.

Das hier ist der einfachste Ort, an dem wir in diesen Krieg um unseren Geist eintreten können:

> Mehr als alles, was man sonst bewahrt, behüte dein Herz! Denn in ihm entspringt die Quelle des Lebens. (Sprüche 4,23; Elberfelder)

Wenn es mein Wunsch ist, die Demut Christi sichtbar zu machen, muss ich mich ständig mit der Botschaft der Bibel füttern – nur so kann das gelingen. Ich bin so schwach, dass ich meinen Blick auf ihn als Vorbild heften *muss*, und ich muss ständig darum bitten, dass der Heilige Geist mir hilft, für Christus leben zu können.

Es gibt einen Kampf, dem wir uns jeden Tag stellen müssen. Wir müssen unsere Waffen aufnehmen und bereit sein, uns mit ihnen zu verteidigen – Tag für Tag. Um in dieser Welt zu leben und nicht zuzulassen, dass sie uns in eine unbiblische Haltung drängt oder lockt, müssen wir uns ernsthaft anstrengen und ernsthaft auf der Hut sein.

> Seid wachsam. Haltet treu an dem fest, was ihr glaubt. Seid mutig und stark. (1. Korinther 16,13)

> Liebe Freunde, ihr seid nur Gäste und Fremde in dieser Welt. Deshalb ermahne ich euch, den selbstsüchtigen Wünschen der menschlichen Natur nicht nachzugeben, denn sie führen einen Krieg gegen eure Seele. (1. Petrus 2,11; Neue Genfer Übersetzung)

Wenn wir den ständigen Krieg nicht zur Kenntnis nehmen und nicht anfangen, mit Eifer zu kämpfen, wird der Stolz immer tiefer in unsere ohnehin eigennützigen Herzen sinken und unser Leben und unsere Ehe zerstören.

Ich habe mit vielen Frauen in schwierigen Ehen seelsorgerliche Gespräche geführt. Viele Male habe ich mit ihnen geweint. Und ich kann Ihnen sagen, ganz gleich wie sehr sich die Umstände unterschieden, ganz gleich wer die meisten Fehler gemacht hatte, ganz gleich wie völlig hoffnungslos die Situation schien – jede dieser Frauen reagierte auf eine von zwei Arten: entweder mit Stolz oder mit Demut. Sie alle zeigten Gefühle, weinten, ertrugen Schmerz und kämpften mit vollem Einsatz. Aber einige dieser Frauen trafen die Entscheidung, aus Stolz heraus zu reagieren, und andere kämpften gegen ihren Willen an und reagierten mit Demut.

Stolze Menschen verteidigen sich, sie sind wütend, schieben die Schuld auf andere und konzentrieren sich auf sich selbst. Sie sehen das Problem durchweg nicht bei sich, sondern bei allen anderen. Das Evangelium ist nicht ihr Mittelpunkt und nicht ihr Ziel.

Demütige Menschen spüren tiefe Reue wegen ihrer eigenen Sünde, es ist ihnen wichtiger, Gott zu ehren, als darüber zu streiten, was ihnen zusteht, und sie versuchen – mit der Gnade Gottes – sich ganz auf das Evangelium und das Ziel auszurichten.

Ich weiß noch, wie ich meiner Freundin Reisha am Tisch gegenübersaß. Ihre Ehe war ein Scherbenhaufen. Ihr Mann hatte sie betrogen und an einem Punkt hatte er sogar seine Sachen gepackt und war ausgezogen. Es sah aus, als würde er nun wieder zurückkommen und sich mit ihr versöhnen wollen, und Reisha kämpfte mit sich. Sie sah mir direkt in die Augen und sagte: „Ich liebe ihn nicht. Mein Herz fühlt gar nichts für ihn."

Es war ihre nächste Aussage, die mich erschütterte: „Aber ich liebe Gott und ich werde tun, was auch immer nötig ist, weil ich *ihn* liebe. Ist das in Ordnung? Das aus Liebe zu Gott und nicht zu meinem Mann zu tun?" Ehrlich, in diesem Moment gingen mir eine Million Gedanken durch den Kopf. Die Gnade Gottes, die Reishas Herz überflutet hatte, brachte mich zum Schweigen. Ich war äußerst bewegt von ihrem leidenschaftlichen Wunsch, Gott zu ehren und gehorsam zu tun, was sie als seinen Willen erkannte. Ihre Liebe zu Gott machte sie bereit, alles zu tun, unabhängig davon, wie sie sich fühlte, und unabhängig davon, wie viele Menschen ihr sagten, dass sie „etwas Besseres" verdient hatte.

Und – Gott sei gepriesen! – ihre Ehe schlug eine völlig neue Richtung ein. Dies war eines der ersten Male, dass ich die Kraft der Demut miterleben konnte, und ihre Kraft ist unbestreitbar. Wenn man sieht, wie Gott auf diese Weise Menschen bewegt, verändert sich die eigene Perspektive. Wie oft haben Menschen zugelassen, dass ihr Stolz zum Hindernis für etwas Schönes wurde, das Gott gerade tun wollte?

Wir müssen uns jeden Augenblick bewusst sein, dass Gott sich uns aktiv entgegenstellt, wenn wir stolz und hochmütig sind (Jakobus 4,6). Sie denken vielleicht, Sie schalten Ihrem Ehepartner gegenüber auf stur, aber letzten Endes ist es Gott, gegen den Sie sich stellen, und Sie fordern im Gegenzug seinen Widerstand heraus.

Gott liebt die Demut. Er hat sie schon immer geliebt. Und er gießt seine Gnade großzügig über den Demütigen aus. Betrachten Sie Ihre Auseinandersetzungen mit Ihrem Ehepartner einmal in diesem Licht. Es spielt keine Rolle, was er gesagt oder getan hat. Die Frage ist, ob Sie auf Gottes Widerstand treffen oder seine Gnade erleben wollen. Ist es Ihnen wichtiger, im Recht zu sein? Oder das zu tun, was recht ist?

Neulich unterhielt ich mich mit einer Freundin, die mit ihrem Stolz zu kämpfen hatte. Sie sagte: „Wenn ich mich entschuldige oder nachgebe oder Demut zeige, dann habe ich das Gefühl, als hätte er gewonnen." Sie können sagen, was Sie wollen, aber dieser Gedanke ist uns vertrauter, als wir zugeben wollen. Unterdessen ging es ihr schlecht, weil sie wusste, dass es in ihrer Ehe nicht gut lief. Sie erkannte sogar, dass sie sich auf diese Weise von Gott entfernte. Ich sagte ihr zur Ermutigung, dass es letzten Endes Gott selbst war, vor dem sie die Waffen streckte.

Wir kennen alle den qualvollen Moment, wenn man spürt, dass man die Worte „es tut mir leid" buchstäblich nicht über die Lippen bringt. Stolz überschwemmt den Körper und den Geist. Nur eins wird Sie in diesem Moment dazu bringen, das Richtige zu tun: ein überwältigendes Verlangen, mit Gott im Reinen zu sein. Was sonst ist von Bedeutung? Ich würde sogar so weit gehen zu sagen, wenn Ihnen das als Motivation immer noch nicht reicht, um Ihren Stolz hinunterzuschlucken, dann ist es vielleicht Zeit, einen langen, prüfenden Blick auf Ihre Beziehung zu Gott zu werfen.

> Hochmut endet in Erniedrigung, aber Demut bringt Ehre. (Sprüche 29,23)

> Ich achte auf die, die gedemütigt worden sind und einen gebrochenen Geist haben und vor meinem Wort zittern. (Jesaja 66,2)

> Stolz kommt vor dem Verderben und Hochmut vor dem Fall. (Sprüche 16,18)

> Der Herr verspottet die Spötter, den Demütigen aber schenkt er Gnade. (Sprüche 3,34)

> Der Herr ist groß, und doch sorgt er für die Demütigen, von den Stolzen aber hält er sich fern. (Psalm 138,6)

Wenn ich sehe, dass jemand Demut zeigt, lenke ich die Aufmerksamkeit meiner Kinder darauf: „Ist das nicht total attraktiv?“ Ich möchte, dass sie das erkennen. Ich möchte, dass sie daraus lernen. Ich möchte ihnen bewusst machen, dass Gott immer gesagt hat, dass Demut etwas Schönes ist. Ich möchte ihnen auch vermitteln, dass wir dem Beispiel Jesu folgen, indem wir demütig handeln.

In so vielen Ehen knirscht es, weil die Demut fehlt. Ist das für uns als Gläubige nicht ziemlich traurig? Wir streben nach Kontrolle und Gleichheit und lassen uns in einen Machtkampf verwickeln, anstatt nach dem Vorbild Christi zu leben, der sich demütig selbst hingegeben hat.

So viele Frauen konzentrieren sich darauf, was Unterordnung *nicht* bedeutet, und nehmen aber niemals an, *was* es bedeutet.

Jahrelang gab ich in unserer Gemeinde einen Kurs für Ehefrauen. Es ging um die Frage, was es bedeutet, eine gottesfürchtige Ehefrau zu sein. Es hat lange gedauert, aber irgendwann wurde mir klar, dass wir einen solchen Kurs nicht bräuchten, wenn wir wirklich demütige Menschen wären. Ich erkannte, dass wir den Teil mit der *Ehefrau* vielleicht zu stark betonten und zu wenig daran dachten, wozu *wir alle* berufen sind im Hinblick auf das Vorbild, das Christus uns gegeben hat. Jede Auseinandersetzung und jede Diskussion wurde unterschwellig von der Einsicht begleitet, dass eine Menge unserer Probleme gelöst wären, wenn wir Christus ähnlich wären.

Es gibt gesunde Diskussionen zur Frage nach der Rollenverteilung in der Ehe. Es ist klar, dass wir möglichst genau verstehen wollen, was die Bibel darüber sagt. Ich möchte solche Diskussionen nicht verhindern, aber als Ehefrau denke ich gern folgendermaßen darüber: Es gibt keine bessere Möglichkeit, sich von Ungläubigen abzuheben als durch die Art, wie wir uns unserem Ehemann respektvoll unterordnen. Wir zeigen auf kraftvolle Weise, dass wir Christus und Gottes Wort vertrauen, wenn wir uns an seine Anweisung halten, „uns unserem Mann unterzuordnen, so wie wir uns dem Herrn unterordnen“ (vgl. Epheser 5,22). Ohne Frage entspricht das nicht der Kultur, in der wir leben. Aber in Wirklichkeit passen wir ohnehin nicht in diese Kultur, wenn wir Jesus von Herzen nachfolgen wollen.

Hier sind ein paar gute Prinzipien, um über den Ruf zur Unterordnung nachzudenken:

1. *Wenn wir uns unterordnen, dann ist das eine respektvolle Unterordnung unter eine von Gott gegebene* Position, *die nichts mit* Perfektion *zu tun hat. Oder anders gesagt: Unser Mann wird Fehler machen. Er wird es in unseren Augen nicht immer „verdienen", die Führungsrolle zu haben – aber so verstanden wird Gott immer unseren Gehorsam verdienen. Und da das Gebot der Unterordnung von Gott kommt, ordnen wir uns letzten Endes ihm unter.*

2. *Nur unsere Unterordnung gegenüber Gott sollte absolut sein. Wir sollen uns unserem Mann nicht unterordnen, wenn er von uns verlangt zu sündigen (sich zu betrinken, zu lügen, bei den Steuern zu betrügen, Pornografie anzuschauen usw.).* „Man muss Gott mehr gehorchen als den Menschen" *(Apostelgeschichte 5,29).*

3. *Wir sind dazu gemacht, unseren Mann zu unterstützen und* gemeinsam *mit ihm so viel mehr zu erreichen! Gott fand, dass es „nicht gut" für den Mann wäre, allein zu sein, und so schuf er eine Gehilfin, die zu Adam passte (1. Mose 2,18). Nehmen Sie Ihre von Gott gegebene Rolle an. Lassen Sie Ihren Mann an Ihren Erkenntnissen, an Ihrer Weisheit und Ihrem Blickwinkel teilhaben. Aber geben Sie ihm auch die Freiheit, in eine andere Richtung zu gehen und zu führen, wenn er sich dorthin von Gott geführt weiß.*

4. *Es gibt keinen Ort, an dem wir sicherer wären als im Willen Gottes. Wenn wir wissen, dass Gott von uns möchte, dass wir uns unserem Mann unterordnen, dann gehorchen wir Gott, auch wenn uns dabei bange ist. Letzten Endes ertappen sich mehr Frauen dabei, dass sie sich Gott widersetzen anstatt*

ihrem Mann. Und das ist ein gewaltiger Grund, warum es vielen Frauen so elend geht. Gott hat sich jeden Bereich der Ehe sorgfältig ausgedacht und wir müssen lernen, ihm zu vertrauen.

5. *Das biblische Prinzip der Unterordnung setzt Ihren Mann nicht an Gottes Stelle. Wenn eine Frau Misshandlung erfährt, sollte sie nicht zögern, sich an die Behörden zu wenden, die ihren Mann zur Verantwortung ziehen können. Aber ich möchte auch jede Frau ermutigen, daran zu glauben, dass Gott selbst in den hoffnungslosesten Situationen Erneuerung und Heilung schenken kann.*

Letzten Endes vertrauen wir uns Gott an.

Es ist ziemlich erstaunlich, dass Jesus selbst sich freiwillig dem Vater unterordnete, um seinen Plan zu erfüllen. Wenn ich versucht bin, mich zu beklagen oder mich zu fragen, warum Frauen die Rolle der Unterordnung zugewiesen wurde, dann werde ich daran erinnert, dass sogar unser Heiland nichts von sich selbst aus tat (Johannes 8,28). Er sagt: „Denn ich bin vom Himmel herabgekommen, um den Willen Gottes zu tun, der mich gesandt hat, und nicht, um zu tun, was ich selbst will" (Johannes 6,38).

Unterordnung ist etwas Schönes, wenn uns bewusst ist, dass wir damit Christus nachahmen. Obwohl ihm rechtmäßig alle Herrlichkeit gehörte, verzichtete er bereitwillig darauf (Philipper 2,6-8). Wenn es irgendjemand *verdient* hätte, auf bestimmte Weise behandelt zu werden, dann er. Und doch ordnete er sich gern dem Vater unter. Erstaunlich! Wenden Sie den Blick einmal lang genug von der Welt ab, um die Wahrheiten der Heiligen Schrift in Ihrem Herzen Wurzeln schlagen zu lassen.

Angesichts der vordringlichen Berufung aller Gläubigen, Christus ähnlich zu sein, bin ich allerdings fest davon überzeugt, dass wir keine so starke Betonung auf unsere Rollen in der Ehe legen sollten. Denken Sie daran, dass wir alle dazu aufgerufen sind, demütig zu sein (1. Petrus 5,5-6) und für jeden von uns gilt das Gebot der gegenseitigen Unterordnung (Epheser 5,21), weil Jesus diese Wesenszüge verkörpert hat. Je mehr Sie danach streben, Christus ähnlich zu sein, desto mehr werden Sie ganz automatisch Ihre gottgegebene Rolle verwirklichen.

> Seid nicht selbstsüchtig; strebt nicht danach, einen guten Eindruck auf andere zu machen, sondern seid bescheiden und achtet die anderen höher als euch selbst. (Philipper 2,3)

Wie weit sind Sie bisher damit gekommen? Würde jemand, der Sie gut kennt, Sie spontan als demütig und bescheiden beschreiben?

FAZIT

Schöne Menschen führen schöne Ehen. Jesus ist der schönste Mensch, der je auf dieser Erde war. Die beste Chance auf eine schöne Ehe haben Sie, wenn Sie beide es sich zum Ziel setzen, wie Jesus zu werden. Auch wenn die Männer besonders aufgefordert sind zu lieben, wie Christus geliebt hat, ist Jesus doch der Maßstab für alle Gläubigen.

> So gebe ich euch nun ein neues Gebot: Liebt einander. So wie ich euch geliebt habe, sollt auch ihr einander lieben. Eure Liebe zueinander wird der Welt zeigen, dass ihr meine Jünger seid. (Johannes 13,34-35)

Wenn wir beide es uns zum Ziel machen, einander mit der Liebe Christi zu lieben, dann lösen sich unsere Konflikte über Rollen und Verantwortlichkeiten von selbst auf. Wenn mir Lisas Wohlergehen wirklich wichtiger ist als mein eigenes, dann finde ich es nicht unverschämt oder sogar lästig, dass von mir erwartet wird, ihr zu dienen und Opfer für sie zu bringen. Es liegt doch ganz einfach auf der Hand. Es ist selbstverständlich. Und wenn Lisa mich höher achtet als sich selbst, ist es naheliegend, dass sie meine Vision für den Dienst und unser Leben stärker fördern und unterstützen möchte als ihre eigenen Vorstellungen. Stellen Sie sich eine Ehe – oder auch jede andere Beziehung – vor, in der beide mit aller Kraft versuchen, sich gegenseitig darin zu übertreffen, „einander Achtung zu erweisen" (Römer 12,10; Neue Genfer Übersetzung).

Wie wir wissen, ist es leichter gesagt als getan, wie Jesus zu sein. Ihm ähnlich zu werden setzt voraus, mit ihm zusammen zu sein. Dicht in seiner Nähe zu bleiben. Freuen Sie sich an ihm und erlauben Sie ihm, Sie als Teil seines Leibes liebevoll zu versorgen.

Viele von uns sind Problemlöser und wir gehen an alles in unserem Leben mit dieser Einstellung heran. Selbst beim Beten kommen wir sofort mit unseren Anliegen und nehmen uns keine Zeit, um Gottes Gegenwart und seinen Segen einfach nur zu genießen. Wenn das Leben voll und geschäftig wird, fällt die Vertrautheit mit Christus unter den Tisch. Wir konzentrieren uns auf Aufgaben und vernachlässigen die Charakterbildung. Mein Eifer, viel zu leisten, drängt meine Verpflichtung, viel zu lieben, stark an den Rand. Ich muss nah bei Jesus bleiben, mir seiner Gegenwart bewusst sein und ihn preisen – den ganzen Tag über.

Dass ich einübe, in seiner Gegenwart zu sein, ist mir eine große Hilfe. Gerade jetzt stelle ich mir vor, wie er mir gegenübersitzt. Er ist stark, furchtlos, liebevoll, rein und demütig. Er schenkt Leben, wohin er auch geht. Ich brauche dieses ständige Bewusstsein seiner Gegenwart. Ich bin darauf angewiesen, ihm immer näherzukommen. Ich muss ihn immer bitten, mich ihm ähnlicher zu machen.

Wo immer Sie gerade sind, malen Sie sich aus, wie Christus Ihnen gegenübersitzt. Überlegen Sie, was er tun würde. Halten Sie sich seine Unerschrockenheit und seine Demut vor Augen. Stellen Sie sich seine Macht und seine Gnade vor. Versuchen Sie sich vorzustellen, welche selbstlosen Dinge er tun würde, wenn er heute höchstpersönlich hier wäre. Bitten Sie ihn jetzt um die Fähigkeit, in seinen Fußstapfen zu gehen. Bitten Sie Jesus, durch Sie zu leben. Durch Sie zu lieben.

Werden Sie aktiv, indem Sie Ihren Ehepartner wirklich *lieben* – nicht nur mit Worten, sondern zeigen Sie ihm Liebe auf dieselbe Weise, wie Jesus es tat. Wenn sich die Bibel nicht irrt, haben wir die Fähigkeit erhalten, wie Jesus zu handeln. Wir müssen im Glauben daran festhalten. Wir müssen immer weiter danach streben, während wir ungeduldig auf seine Wiederkunft warten.

ZUR TAT SCHREITEN

Alles, was wir in diesem Kapitel besprochen haben, ist von wesentlicher Bedeutung für die Ehe, das Leben und Ihre Beziehung zu Gott. Aber Prinzipien wie Demut und Opferbereitschaft sind bekanntermaßen schwer in die Tat umzusetzen. Sie sollten wirklich Ihre ganze verbleibende Lebens- und Ehezeit lang versuchen, im Hinblick auf die Menschen um Sie herum demütiger und opferbereiter zu leben.

Nutzen Sie die Vorschläge unten, um mit diesem Prozess zu beginnen, aber hören Sie an der Stelle nicht auf. Suchen und entdecken Sie selbst noch viele weitere Wege, wie Sie Ihren Ehepartner praktisch lieben können.

SCHAUEN SIE LANGE AUF JESUS.

- *Denken Sie eine Weile über Jesus nach. Nehmen Sie sich viel Zeit dafür. Was finden Sie unwiderstehlich an ihm? Was macht seine Schönheit aus? Welche Wesenszüge verkörpert er, die Sie anziehend finden? Welche Taten hat er vollbracht, die Ihre Aufmerksamkeit fesseln?*
- *Schreiben Sie dann, nachdem Sie eine Zeit lang darüber nachgedacht haben, eine Liste. Was macht Jesus so unwiderstehlich?*
- *Lassen Sie Ihren Ehepartner an Ihren Gedanken teilhaben. Was ist Ihrem Ehepartner aufgefallen, das Ihnen entgangen ist?*
- *Unterhalten Sie sich ehrlich darüber, wie jeder von Ihnen aussehen würde, wenn Sie diese Wesenszüge Jesu in Ihrer Ehe nachahmen würden. Seien Sie sehr praktisch in Ihren Beschreibungen.*

WIE ÄHNLICH SIND SIE CHRISTUS?

- *Setzen Sie sich mit einem Blatt Papier hin und schreiben Sie alle Lebensbereiche auf, in denen Sie meinen, Christusähnlichkeit zu zeigen. Das bedeutet nicht, dass Sie in diesen Bereichen perfekt sind. Notieren Sie einfach, in welcher Hinsicht Sie eine Ähnlichkeit mit Jesus wahrnehmen.*

- *Machen Sie als Nächstes eine Liste mit den Bereichen, in denen Sie Christus noch ähnlicher werden müssen. Seien Sie ehrlich.*

- *Unterhalten Sie sich miteinander über Ihre Notizen. Benutzen Sie dies nicht als Gelegenheit, um Kritikpunkte zu äußern, die anzusprechen Sie sich bisher nicht getraut haben, sondern führen Sie ein ehrliches Gespräch darüber, inwiefern Sie Christus ähneln oder eben nicht. Da wir alle unsere blinden Flecken haben, ist es hilfreich, Hinweise von Ihrem Ehepartner zu erhalten, in welchen Punkten Sie sich gut machen und wo Sie am dringendsten wachsen müssen.*

- *Unterhalten Sie sich darüber, auf welche Weise Sie sich gegenseitig auf diesem Weg unterstützen können, mehr zu werden wie Christus.*

- *Beginnen und beenden Sie diese Zeit mit Gebet und bitten Sie Gott, Sie enger zusammenwachsen zu lassen, während Sie versuchen, ihm ähnlicher zu werden.*

Die Ehe nicht vergeuden

EHE UND UNSER AUFTRAG

Als meine Tochter Mercy fünf war, trat sie einer Fußballmannschaft bei. Sie sah hinreißend aus in ihrem hellblauen Trikot. Ihre Mannschaft hieß „Blauer Blitz“. Als ziemlich wettkampforientierter Vater hatte ich Visionen davon, wie meine Tochter der gegnerischen Mannschaft den Ball abnahm, Tore schoss und das Spiel gewann. Darum wusste ich nicht, ob ich lachen oder schreien sollte, als ich sah, wie Mercy mit ihrer Freundin Hand in Hand am Spielfeld entlanghüpfte und Blumen pflückte, während das Spiel im Gange war. Ich glaube, ich tat ein bisschen von beidem. Es war offensichtlich, dass es ihr gar nicht ums Gewinnen ging. Sie wollte einfach nur ihren Spaß haben. Doch als ihr Vater fragte ich mich: Wenn sie nichts weiter wollte als Blumen pflücken, warum zahlte ich dann Geld dafür, dass sie in der Fußballmannschaft war? Ich schätze, um ein paar süße Fotos von ihr im Trikot zu bekommen.

Viele Ehepaare verhalten sich wie fünfjährige Fußballspielerinnen, wenn es um den geistlichen Kampf geht, in dem wir uns befinden. Gott beruft uns, in einem Krieg gegen die Finsternis zu kämpfen, der mitten im Gange ist. In diesem Krieg hat er uns einen klaren Auftrag gegeben – Jünger zu gewinnen. Und trotzdem sieht man normalerweise, wie christliche Paare Händchen haltend durchs Leben hüpfen und den Kampf ignorieren, der um sie herum tobt. Wir haben uns glückliche Familien zum Auftrag gemacht. Das ist nicht der Auftrag, den Jesus uns gab, doch wir versuchen diese Vergötterung der Ehe zu rechtfertigen, *weil es das ist, was wir wollen.*

Wie bereits gesagt, ist die Ehe wichtig, aber nicht das Wichtigste. Wenn wir uns auf das Wichtigste konzentrieren, wird unsere Ehe gedeihen, weil sie dann so funktioniert, wie es vorgesehen ist. Aber wenn wir uns zu sehr auf die Familie konzentrieren, werden wir tatsächlich im Leben und entsprechend auch in der Ehe versagen.

> Nimm es auf dich, als treuer Soldat im Dienst von Jesus Christus zusammen mit mir für ihn zu leiden. Niemand, der in den Krieg zieht, kümmert sich noch um seine Alltagsgeschäfte, sondern es geht ihm einzig darum, die Anerkennung seines Befehlshabers zu finden. (2. Timotheus 2,3-4; Gute Nachricht Bibel)

Die Bibel lehrt uns, dass wir uns im Krieg befinden. Es ist ein realer Krieg mit einem sehr realen Feind (2. Korinther 10,3-4; Epheser 6,10-20). Gott hat uns einen Auftrag gegeben, darum dürfen wir uns nicht erlauben, uns durch „Alltagsgeschäfte" ablenken zu lassen.

Stellen Sie sich ein hübsches Haus vor, mit einem weißen Lattenzaun, und ihre glückliche Familie sitzt gemütlich drinnen. Und jetzt malen Sie sich aus, wie nur ein paar Straßen weiter ein großer Krieg ausbricht. Ihre Freunde und Nachbarn kämpfen um ihr Leben, während Sie Ihre Küche umgestalten und Ihren riesigen neuen Flachbildfernseher installieren. Von einer Handwerksfirma lassen Sie sich bessere Fenster einbauen, damit Sie den ganzen Lärm nicht mehr hören müssen.

Das ist ein ziemlich erbärmliches Szenario, aber ein angemessener Vergleich für das Leben, das viele christliche Ehepaare für sich gewählt haben. Sie missachten den Auftrag Jesu in der Hoffnung, das Leben genießen zu können. Fallen Sie nicht darauf herein. Echtes Leben findet man im Kampf. In diesem Moment werden viele Brüder und Schwestern auf der Welt wegen ihres Glaubens gefoltert. Wir wollen für sie beten und uns von ihrem Beispiel ermutigen lassen, in den Kampf zu ziehen.

> Denn wer versucht, sein Leben zu bewahren, wird es verlieren. Wer aber sein Leben um meinetwillen und um der guten Botschaft willen verliert, wird es retten. (Markus 8,35)

Wie bereits erwähnt gehört es zu unserem Auftrag, eine gesunde Ehe zu führen. Unser Auftrag fordert uns nicht dazu auf, unsere Ehe zu vernachlässigen. Aber eine Ehe kann nicht gesund sein, wenn wir nicht sein Reich und seine Gerechtigkeit an die *erste* Stelle setzen (Matthäus 6,33). Gemeinsam in der Schlacht zu sein bewahrt uns davor, uns gegenseitig zu bekriegen. Diejenigen, die den Heiligen Geist in sich haben, spüren eine Sehnsucht, in den Kampf zu ziehen. Wir wollen gebraucht werden. Wir wollen Teil seiner göttlichen Mission sein.

In diesem Kapitel werden wir Sie auffordern, Gottes Reich als das wichtigere Anliegen über Ihre Ehe zu stellen. Wir werden Sie herausfordern, Ihr Leben auf dem Schlachtfeld zu verbringen. Im Einzelnen werden wir uns acht Gründe anschauen, warum sich Ihre Ehe auf Gottes Auftrag konzentrieren sollte.

ACHT GRÜNDE, SICH AUF DEN AUFTRAG ZU KONZENTRIEREN

1. JESUS HAT ES BEFOHLEN.

Das sollte uns als Grund reichen. Unser Meister gab uns einen Befehl. Tatsächlich war es das Letzte, was er sagte, bevor er in den Himmel auffuhr.

> Jesus kam und sagte zu seinen Jüngern: „Mir ist alle Macht im Himmel und auf der Erde gegeben. Darum geht zu allen Völkern und macht sie zu Jüngern. Tauft sie im Namen des Vaters und des Sohnes und des Heiligen Geistes und lehrt sie, alle Gebote zu halten, die ich euch gegeben habe. Und ich versichere euch: Ich bin immer bei euch bis ans Ende der Zeit." (Matthäus 28,18-20)

Alle Gebote Jesu müssen ernst genommen werden, doch die Situation, in der er dieses Gebot ausspricht, verleiht ihm ein zusätzliches Gewicht. Jesus steht von den Toten auf, sammelt seine Jünger um sich und erklärt, dass ihm „alle Macht im Himmel und auf der Erde gegeben" ist. Können Sie sich ein dramatischeres Szenarium vorstellen? Das eine Gebot zu missachten, das der gerade erst von den

Toten auferstandene König des Universums an Sie richtet, könnte sich zweifellos als die dümmste Fehlentscheidung Ihres ganzen Lebens herausstellen.

Und wie lautet das Gebot? Menschen zu Jüngern zu machen. Unser Leben sollte sich um diese paar Worte drehen. Ob als Einzelpersonen oder als Paare, unser Auftrag ist es, im Lauf unseres Lebens so viele Menschen zu Jüngern zu machen wie möglich. Das ist wichtiger als alles andere. Falls Sie das also noch nicht getan haben, sollten Sie sich heute Abend mit Ihrem Ehepartner hinsetzen und überlegen, wie Sie Ihr Leben auf der Grundlage dieses Gebotes, Menschen zu Jüngern zu machen, neu ausrichten können. Dieses Gebot sollte alles andere in Ihrem Leben bestimmen: wo Sie wohnen, wo Sie arbeiten, wofür Sie Ihr Geld ausgeben, wie Sie Ihre Zeit verbringen – alles! Sie sollten keine einzige Entscheidung treffen, ohne die Worte „macht Menschen zu Jüngern" dabei im Kopf zu haben. Wir sollten uns ständig fragen: Wie können wir mehr Zeit und Mittel bereitstellen, um Menschen zu Jüngern zu machen?

Ich möchte, dass uns allen klar ist, was das bedeutet. Jesus trug seinen Nachfolgern auf, zu denen zu gehen, die nichts von ihm wussten. Sie sollten Menschen erreichen, die keine Beziehung zu Jesus hatten. Sie sollten sie taufen und sie lehren, seine Gebote zu halten.

Jesus will mehr als Bibelstunden. Er will, dass wir unser Leben mit anderen teilen, damit wir ihnen ein Leben im Gehorsam gegenüber Gott vor Augen führen und sie lehren können, das Gleiche zu tun (1. Korinther 11,1). Wahre Jüngerschaft beinhaltet, unsere Häuser, unsere Terminkalender und unsere Geldbeutel für andere zu öffnen, damit sie Christus sehen und ihm nachfolgen können.

Sie sind dazu da, um Menschen zu Jüngern zu machen. Ihre Ehe ist dazu da, um Menschen zu Jüngern zu machen. Sie wollen doch nicht am Ende Ihres Lebens vor Gott stehen, ohne andere zu Jüngern gemacht zu haben! Richten Sie Ihr Leben neu aus. Setzen Sie neue Prioritäten. Sie sind dazu da, um Einfluss auf andere zu nehmen.

Zu diesem Thema ist noch so viel mehr zu sagen. Bitte sehen Sie sich die Seite www.multiplymovement.com an und befassen Sie sich mit dem kostenlosen Material, das ich dort zum Thema *Menschen zu Jüngern machen* gesammelt habe.

2. JESUS IST AUF DEM SCHLACHTFELD.

Am Ende des Missionsbefehls gibt uns Jesus ein erstaunliches Versprechen. Nachdem er uns gesagt hat, wir sollen in die Welt gehen und Menschen zu Jüngern machen, verspricht er uns zu begleiten. Wir arbeiten nicht allein.

> Und ich versichere euch: Ich bin immer bei euch bis ans Ende der Zeit. (Matthäus 28,20)

Gott ist derzeit in einer Mission unterwegs. Er rettet die Erde. Wenn ich meinen Freund Andrew suche, treffe ich ihn normalerweise im Fitnessstudio. Wenn ich Adam suche, ist er wahrscheinlich am Strand. Wenn ich Lisa suche, ist sie vermutlich bei C&A. Wenn ich Jesus suche, sollte ich das Evangelium an jemand weitergeben. Dort wird er sein. Er ist auf dem Schlachtfeld. Er verfolgt seine Mission.

Manche Menschen beklagen sich, dass sie nichts von Jesus spüren, dass sie den Heiligen Geist nicht erfahren. Meistens frage ich sie: Sind Sie damit beschäftigt, Menschen zu Jüngern zu machen? Schließlich folgte sein Versprechen direkt nach seinem Gebot. Später sagt Jesus seinen Jüngern, dass sie Kraft empfangen würden, wenn der Heilige Geist auf sie herabkäme. Aber diese Kraft wurde geschenkt, damit sie als seine „Zeugen“ auftreten konnten.

> Aber ihr werdet Kraft empfangen, wenn der Heilige Geist auf euch gekommen ist; und ihr werdet meine Zeugen sein, sowohl in Jerusalem als auch in ganz Judäa und Samaria und bis an das Ende der Erde. (Apostelgeschichte 1,8; Elberfelder)

Jesus gab uns seinen Heiligen Geist nicht, damit wir ihn einfach nur fühlen können, so wie eine Art göttlicher Teddybär. Er gab uns den Geist und seine Kraft, damit wir seine Zeugen sein können. Und er begleitet uns – nicht damit wir glückliche Familien haben, sondern damit wir Menschen zu Jüngern machen können. Es stimmt, dass wir ihn erfahren können, indem wir auf einem Berggipfel beten oder ihn zusammen mit anderen Gläubigen preisen. Aber auf ganz besondere Weise zeigt er sich, wenn wir auf seinem Schlachtfeld sind.

Meine Tochter hatte eines Abends ein Konzert und hinterher sollte ich eine Ansprache halten. Während des Konzerts war ich hinter der Bühne, auf den Knien, und flehte Gott an zu handeln. Ich betete bis an die Grenze zur Frustration. Das hörte sich ungefähr so an:

> *„Herr, bitte tu etwas, während ich predige. Du weißt, dass ich dich die ganze Zeit darum bitte. Ich möchte sehen, wie du handelst. Du sagst mir in der Bibel, dass Elia nur ein Mensch wie ich war, aber du hast dich gezeigt, als er gebetet hat. Du hast Feuer vom Himmel geschickt und Ehrfurcht und Anbetung in der Menge hervorgerufen. Zeige dich, wenn ich deine*

> *Wahrheit verkünde! Warum antwortest du nicht? Warum tust du nicht das Gleiche für mich?"*

Und obwohl ich keine akustische Stimme hörte, war es doch einer der seltenen Momente, von denen ich glaube, dass Gott mir eine direkte Antwort gab. Sie lautete ungefähr so:

> *„Elia war auf dem Berg Karmel und bekämpfte die Baalspropheten. Wenn ich nicht Feuer vom Himmel geschickt hätte, hätte man ihn geköpft. Du ... bist auf einem christlichen Konzert."*

Da wurde ich an viele Geschichten der Bibel erinnert, die ich liebe. Die ganze Bibel hindurch zeigte sich Gott mit Macht, wenn seine Nachfolger um seinetwillen ein Risiko eingingen. Gott offenbarte seine Gegenwart und Macht, als Elia Hunderte heidnischer Propheten aufrief, den einen wahren Gott zu erkennen (1. Könige 18). Als Schadrach, Meschach und Abed-Nego sich weigerten, das Götzenbild des Königs anzubeten, wurden sie in einen extra stark angeheizten Feuerofen geworfen und stellten dann fest, dass eine vierte Person bei ihnen stand und sie vor den Flammen beschützte (Daniel 3). Als Stephanus gesteinigt werden sollte, weil er Christus verkündigt hatte, sah er Jesus!

> Die Anschuldigungen, die Stephanus gegen sie erhob, versetzten die führenden Männer des jüdischen Volkes in maßlose Wut. Doch Stephanus, vom Heiligen Geist erfüllt, blickte unverwandt zum Himmel hinauf, wo er die Herrlichkeit Gottes sah und er sah Jesus auf dem Ehrenplatz zur Rechten Gottes stehen. Er sagte zu ihnen: „Schaut

> doch, ich sehe den Himmel offen und den Menschensohn auf dem Ehrenplatz zur Rechten Gottes stehen!" (Apostelgeschichte 7,54-56)

Gott hat die Angewohnheit, auf geheimnisvolle und mächtige Weise auf dem Schlachtfeld zu erscheinen.

Es waren meine großartigsten Momente auf dieser Erde, wenn ich das übernatürliche Wirken Gottes direkt miterlebte. Ich wurde zu Tränen gerührt, ich zitterte und war voller Ehrfurcht. Es gibt nichts Größeres, als Gott zu erfahren. Menschliche Beziehungen können gut sein, aber eine Begegnung zwischen einem menschlichen Wesen und Gott lässt sich mit nichts vergleichen. Ziehen Sie in die Schlacht, gehen Sie ein paar Risiken ein und Sie werden ihn auch erfahren.

3. MENSCHEN STERBEN.

In der Zeit, die Sie gebraucht haben, um diesen Satz zu lesen, sind vier Menschen gestorben. Im Durchschnitt sterben jede Sekunde zwei Menschen. Das sind 155.000 jeden Tag, und sehr wenige von ihnen gelangen in den Himmel (Matthäus 7,13-14). Ich finde das bedrückend. Niederschmetternd. Die einzige Art, dieser schmerzhaften Wahrheit zu entkommen, ist, sie zu leugnen oder zu ignorieren.

Der Apostel Paulus spricht davon, mit „großer Traurigkeit" und „unaufhörlichem Schmerz" im Herzen zu leben (Römer 9,2; Elberfelder). Achten Sie darauf, wie stark diese Begriffe sind. Unaufhörlicher Schmerz? Er kannte das Schicksal derjenigen, die nicht auf Jesus vertrauten, und dieses Wissen schmerzte ihn zutiefst. Die Apostelgeschichte berichtet von seinen Bemühungen, jeden zu erreichen, den er konnte, ohne Rücksicht auf den hohen Preis, den er dafür zu zahlen hatte. Sein Leben spiegelte seinen Glauben wider. Obwohl viele von uns sagen würden, dass sie das Gleiche glauben wie Paulus, ist das in unserem Leben nicht zu erkennen.

Wenn wir glauben, dass Milliarden Menschen sterben und dem Gericht Gottes anheimfallen, ist es dann wirklich sinnvoll, dass sich unser Leben um irgendetwas anderes dreht als um den Auftrag, sie zu erreichen? Lassen Sie sich nicht von den Zahlen lähmen. Erfüllen Sie einfach nur Ihren Teil. Sie werden wahrscheinlich nicht sehr viel an dieser Zahl ändern, aber im Leben derer, die Sie erreichen, werden Sie einen ewigen Eindruck hinterlassen.

Als ich ein Kind war, fragte mein Jugendpastor: „Wenn jeder in der Jugendgruppe genauso wäre wie du, was für eine Jugendgruppe wären wir dann?" Das ist ein wunderbarer Ansatz, um über unsere Verantwortung nachzudenken. Natürlich sind wir alle einzigartig und jeder von uns hat andere Gaben. Aber Sie wissen, was ich meine. Wenn jeder Gläubige das Evangelium so oft weitergeben würde wie Sie, wie viele Menschen würde man dann erreichen? Wenn jeder den gleichen Prozentsatz seines Einkommens spenden würde wie Sie, wie viel hätten wir dann für die Armen zur Verfügung?

Brauchen Sie Statistiken dazu, wie viele Kinder in diesem Moment obdachlos oder versklavt sind, wie viele in die Prostitution verkauft und vergewaltigt werden oder wie viele verhungern? Wenn ja, dann können Sie das im Internet nachschauen. Es gibt viel zu tun. Viele leiden verzweifelte Not – geistlich und körperlich. Wir dürfen ihr Schreien nicht überhören. Manchmal stelle ich mir vor, ich würde in Afrika in Panik geraten, weil meine Familie in großer Not ist und es an Nahrung und Wasser fehlt, und ich frage mich, welche Einstellung ich zu „Christen" in Amerika hätte. Wie würde ich mich fühlen, wenn ich ihren Lebensstil sähe und ihre Klagen hörte, nicht genug zu haben?

Stellen Sie sich jetzt eine vierköpfige Familie in Indien vor. Sie waren ursprünglich zu fünft, doch sie haben eine der Töchter in die Sklaverei verkauft, damit der Rest der Familie einen weiteren Monat überleben kann. Stellen Sie sich vor, diese vier würden das tägliche Leben Ihrer Familie beobachten. Was würden sie über Ihre christliche Liebe denken?

Jesus sagte, das zweitwichtigste Gebot ist, den Nächsten zu lieben wie sich selbst. Lieben Sie denn Ihren Nachbarn nebenan auf diese Weise, ganz zu schweigen von Ihren Nächsten in Afrika und Indien? Bedenken Sie, für Jesus war die Nächstenliebe das Wichtigste gleich nach der Liebe zu Gott (Markus 12,31).

> Wir haben die wahre Liebe daran erkannt, dass Christus sein Leben für uns gegeben hat. Deshalb sollen auch wir unser Leben für unsere Brüder einsetzen. Doch wenn einer genügend Geld hat, um gut zu leben, und einen anderen in Not sieht und sich weigert zu helfen – wie soll die Liebe Gottes da in ihm bleiben? Liebe Kinder, wir wollen nicht nur davon reden, dass wir einander lieben; unser Tun soll ein glaubwürdiger Beweis unserer Liebe sein. (1. Johannes 3,16-18)

Denken Sie über dieses Zeugnis eines Christen nach, der während des Holocausts in Deutschland lebte:

> *Wir hörten Geschichten darüber, was mit Juden passierte, aber wir versuchten uns davor zu verschließen, denn was konnten wir schon tun, um es zu beenden? Eine Bahnlinie*

führte hinter unserer kleinen Kirche vorbei und jeden Sonntagmorgen konnten wir das Pfeifen in der Ferne hören und die Räder auf den Gleisen. Es verstörte uns, als wir die Schreie aus dem vorbeifahrenden Zug hörten. Wir erkannten, dass Juden wie Vieh in den Waggons transportiert wurden.

Eine Woche nach der anderen ertönte die Pfeife. Wir hatten Angst vor dem Geräusch dieser Räder, weil wir wussten, dass wir die Schreie der Juden hören würden, die auf dem Weg zu einem Vernichtungslager waren. Ihre Schreie quälten uns. Wir wussten, um welche Zeit der Zug kommen würde. Und wenn wir das Pfeifen hörten, fingen wir an, Kirchenlieder zu singen. Bis der Zug an unserer Kirche vorbei war, sangen wir aus vollem Hals. Wenn wir die Schreie hörten, sangen wir noch lauter. Und bald konnten wir sie nicht mehr hören.

Obwohl Jahre vergangen sind, höre ich im Schlaf noch immer die Zugpfeife. Gott möge mir vergeben. Er möge uns allen vergeben, die wir uns selbst Christen nennen und trotzdem nicht eingeschritten sind und nichts dagegen unternommen haben.[2]

Es ist leicht, diese Menschen zu verurteilen, wenn man die Geschichte hört. Es ist ekelerregend, dass Christen ihre Schreie hören und mit Kirchenliedern übertönen konnten. Aber was hätten Sie getan? Betrachten Sie das Verhaltensmuster in Ihrem Leben. Hätten Sie wirklich gegen die Norm gehandelt und etwas unternommen? Wenn alle anderen gesungen hätten, hätten Sie da nicht einfach mitgesungen?

---

2 Aus: Erwin W. Lutzer: *When a Nation Forgets God: 7 Lessons We Must Learn from Nazi Germany*. Chicago: Moody Publishers, 2010. S. 21–22.

Wenn ich von den Verhaltensmustern in meinem Leben ausgehe, kann ich nicht mit Sicherheit sagen, was ich getan hätte. Aber ich weiß, was für ein Mensch ich gern wäre. Wollen wir nicht alle solche Menschen sein, die bereit sind aufzustehen und zu sagen: „Ich kann nicht so weiterleben! Ich kann nicht dem Trend folgen und so tun, als würde nichts passieren!"

Es ist leicht, andere Momente in der Geschichte anzuschauen und die Kirche für ihre jämmerliche Reaktion zu kritisieren. Der schwere Teil besteht darin, dass Sie sich die Welt genau jetzt anschauen und Ihr eigenes Verhalten bewerten. Ergibt Ihre Ehe angesichts der Tatsache, dass die Hölle existiert, einen Sinn? Ist es sinnvoll, wie Sie Ihre Zeit und Ihr Geld verwenden, wenn Sie sich das Leid in der Welt heute vor Augen halten?

4. SIE WURDEN FÜR DIESEN AUFTRAG GESCHAFFEN.

Gott hat Sie aus einem bestimmten Grund geschaffen. Wie ein Toaster, eine Ampel oder ein Flugzeugträger wurden Sie für einen speziellen Zweck auf spezielle Art gestaltet.

> Denn wir sind sein Gebilde, in Christus Jesus geschaffen zu guten Werken, die Gott vorher bereitet hat, damit wir in ihnen wandeln sollen. (Epheser 2,10; Elberfelder)

Gott hat diesen Kurs für Ihr Leben schon „vorher" festgelegt. Er sagte dem Propheten Jeremia, dass seine Laufbahn sogar schon feststand, bevor er geboren wurde:

> Ich kannte dich schon, bevor ich dich im Leib deiner Mutter geformt habe. Schon vor deiner Geburt habe ich dich

> dazu bestimmt, dass du den Völkern meine Botschaften überbringst. (Jeremia 1,5)

Es gibt einen Grund dafür, dass Sie sich von allen anderen Menschen auf der Erde unterscheiden. Und Sie haben eine geistliche Begabung, die Sie in der Gemeinde einbringen können. Wer behauptet, Sie seien nutzlos oder unbegabt, der unterstellt, dass Gott in Ihrem Fall versagt hat.

> Jedem von uns wird eine geistliche Gabe zum Nutzen der ganzen Gemeinde gegeben. (...) Dies alles bewirkt aber ein und derselbe Heilige Geist, indem er diese Gaben zuteilt und allein entscheidet, welche Gabe jeder Einzelne erhält. (1. Korinther 12,7 und 11)

Früher dachte ich, es wäre ein Zeichen von Demut, wenn ich etwas sagte wie: „Ich bin nicht sehr begabt. Ich bin nur ein Durchschnittsmensch, der nichts richtig gut kann." Ein tieferes Studium der Heiligen Schrift überzeugte mich, dass das nicht Demut war, sondern mangelnder Glaube. Der HEILIGE GEIST GOTTES befähigt mich! Warum sollte ich mich selbst klein machen? Wenn Christus durch mich lebt und der Geist Gottes mich befähigt, sollte ich dann nicht voller Kraft sein? Erlauben Sie dem Feind nicht, Ihnen etwas anderes zu erzählen. Wenn Sie ein Nachfolger Christi sind, sind Sie mit göttlicher Kraft erfüllt. Der Geist Gottes setzt seine Kraft frei, wenn Sie Ihre Gabe zum Wohl der Gemeinde einsetzen.

Ich bin meistens voller Freude, wenn ich gepredigt habe. Ich erlebe eine einzigartige Gemeinschaft mit dem Heiligen Geist, wenn ich meine Gabe benutze, um die Gemeinde aufzubauen. Das ist der Grund für meine Existenz.

Wir alle gehen in unserem Leben durch Zeiten, in denen wir denken: *Das kann nicht alles sein.* Man fühlt sich in einem sinnlosen Alltag gefangen und man weiß aus tiefster Seele, dass man für etwas Größeres geschaffen wurde. Das Leben mag Spaß machen und die Beziehungen sind vielleicht gut, aber man weiß, dass etwas Tieferes fehlt. Man spürt, dass man zu mehr bestimmt ist. Man will eine tiefere Gemeinschaft mit Gott erleben, in der die übernatürliche Kraft des Heiligen Geistes so durch einen fließt, dass es niemand bestreiten kann. Man möchte Gott berühren und nicht nur über ihn reden.

Man sehnt sich nach einer Erkenntnis Gottes, die über den Verstand hinausgeht, nach einem tiefen Wissen, das nur durch Erfahrungen entsteht. Dies geschieht nur, wenn Sie seinen Auftrag ausführen. Seine Liebe und Kraft fließen durch Sie zu anderen, während Sie danach streben, sie in sein Königreich zu bringen. Es gibt nichts, was dem gleichkommt, und es gibt keinen anderen Weg, es zu erreichen.

Je älter Sie werden, desto mehr geraten Sie vielleicht in Panik. Im Rückblick sehen Sie, wie selten Sie Gott erfahren und wie wenig Sie für sein Reich getan haben. Dann wagen Sie sich kaum noch in die Gegenwart Gottes, denn Sie wissen, dass Sie Ihre Zeit und Ihr Geld für sich selbst verwendet haben. Ich habe miterlebt, wie Menschen von dieser Einsicht überwältigt wurden und sich davon niederdrücken oder lähmen ließen. Das will Gott nicht. Er will eine Generation von älteren Menschen, die bereit sind, sich zu ändern, auch wenn man ihnen sagt, sie würden es nicht schaffen. Die jüngere Generation braucht das Vorbild älterer Männer und Frauen, die zur Umkehr bereit sind. Die bereit sind zuzugeben, dass sie ein egoistisches Leben geführt haben, anstatt sich für Gottes Reich einzusetzen. Die mit Eifer einen neuen Weg einschlagen und jetzt für die Ewigkeit leben. Die motiviert sind, jüngere Gläubige zu warnen, nicht den gleichen Fehler zu machen.

Eigentlich sollte mit fortschreitendem Alter auch der Enthusiasmus zunehmen. Man sollte in der Lage sein, auf sein Leben zurückzublicken und zu wissen, dass man das vollbracht hat, wozu man auf die Erde geschickt wurde. Genau das konnte Jesus sagen: „Ich habe dich hier auf Erden verherrlicht, indem ich alles tat, was du mir aufgetragen hast“ (Johannes 17,4).

Und Paulus muss wie im Rausch gewesen sein, als er die folgenden Worte an Timotheus schrieb. Können Sie sich vorstellen, das eines Tages sagen zu können?

> Du aber sollst dir in jeder Situation ein nüchternes Urteil bewahren. Scheue dich nicht, für den Herrn zu leiden. Setze dir zum Ziel, andere zu Christus zu führen. Erfülle die Aufgabe, die Gott dir anvertraut hat! Was mich betrifft, so wurde mein Leben schon als Opfer für Gott ausgegossen und der Augenblick meines Todes ist nahe. Ich habe den guten Kampf gekämpft, den Lauf vollendet und bin im Glauben treu geblieben. Nun erwartet mich der Preis – der Siegeskranz der Gerechtigkeit, den der Herr, der gerechte Richter, mir am großen Tag seiner Wiederkehr geben wird. Doch diesen Preis gibt er nicht nur mir, sondern allen, die seine Rückkehr herbeisehnen. (2. Timotheus 4,5-8)

Er appelliert an den jungen Timotheus, seinen Auftrag im Blick zu behalten, ganz gleich wie viel Leid das mit sich bringt. Als älterer

Mann versichert ihm Paulus, dass sich das lohnt, denn eines Tages könnte Timotheus in der gleichen Lage sein wie er. Paulus' Leben nähert sich dem Ende und er weiß, dass er den Lauf vollendet hat. Er hat getan, was ihm auf der Erde aufgetragen war, und ist auf dem Weg zum Himmel, um seine Belohnung in Empfang zu nehmen.

Malen Sie sich aus, wie es wäre, an dieser Stelle mit Paulus zu tauschen. Versuchen Sie die Aufregung nachzufühlen. Paulus folgte Christus treu, trotz eines schlechten Starts (1. Timotheus 1,12-16). Er erfüllte seinen Auftrag auf der Erde trotz Schlägen, Inhaftierungen und Versuchungen. Jetzt näherte er sich seinem Tod und erwartete seinen Siegespreis. Welcher Mensch, der bei Verstand ist, würde an dieser Stelle nicht mit Paulus tauschen wollen? Am Ende des Lebens eine solche Aussage machen zu können – was könnte es Besseres geben? Bewegt sich Ihr Leben in diese Richtung?

5. DER AUFTRAG BIETET FINANZIELLE SICHERHEIT.

Finanzielle Sicherheit ist an sich nichts Schlechtes, doch es hängt ganz davon ab, wo man sie findet. Die meisten Menschen, die davon sprechen, meinen ein gut gepolstertes Ruhestandskonto, auf dem sie sich ausruhen können. Wenn Jesus davon spricht, bezieht er sich darauf, Ressourcen in Gottes Reich zu investieren und auf die Versorgung durch den Vater im Himmel zu vertrauen.

> Hört auf, euch Sorgen zu machen um euer Essen und Trinken oder um eure Kleidung. Warum wollt ihr leben wie die Menschen, die Gott nicht kennen und diese Dinge so wichtig nehmen? Euer himmlischer Vater kennt eure Bedürfnisse. Wenn ihr für ihn lebt und das Reich Gottes

> zu eurem wichtigsten Anliegen macht, wird er euch jeden Tag geben, was ihr braucht. (Matthäus 6,31-33)

Gott verspricht, dass er auf uns achtet, und er weiß, was wir brauchen. Und er verspricht, dass er für alle unsere Bedürfnisse sorgen wird, *wenn* wir sein Reich und seine Gerechtigkeit an die *erste* Stelle setzen. Gemäß diesem Versprechen ist mir die tägliche Versorgung garantiert, wenn ich mich darauf konzentriere, sein Reich voranzubringen.

Das Problem mit diesem Versprechen ist, dass das den meisten von uns nicht reicht. Als Amerikaner wären wir ärgerlich auf Gott, wenn er uns nur das geben würde, was wir brauchen. Ich habe das immer wieder erlebt, dass Menschen die Existenz Gottes infrage stellen, weil sie nur wenig mehr haben als das für sie Lebensnotwendige.

Wir leben in einem Land voller Luxus. Die US-Regierung verspricht bereits eine Grundversorgung, sodass Gottes Versprechen momentan in Amerika gar nicht benötigt wird. Auch wenn wir vielleicht glauben, dass er für uns sorgen würde, wenn die Regierung es nicht täte, ist das für uns immer noch ein armseliges Versprechen. Wir wollen, dass er uns einen bestimmten Lebensstandard garantiert. Wir sind nicht zufrieden mit der Zusage, dass er uns geben wird, was wir brauchen.

Doch für die Menschen, die Zufriedenheit kennen, ist es eine großartige Verheißung. Wenn Sie mit Paulus sagen können: „Deshalb wollen wir zufrieden sein, solange wir nur genug Nahrung und Kleidung haben“ (1. Timotheus 6,8), dann gibt es nichts, um das Sie sich sorgen müssten. Jemals.

Wir wissen, dass wir unser Auskommen haben, wenn wir uns um sein Reich bemühen. Gott weiß, was wir brauchen, und er wird uns so versorgen, wie er es für richtig hält. Wir werden zu essen haben, aber vielleicht nicht essen gehen können. Wir werden Kleider haben, aber sie passen vielleicht nicht zusammen. Wir werden Wasser haben, aber vielleicht nicht aus der Flasche. Für zufriedene Menschen ist das ein großartiges Versprechen. Es nimmt allen Stress. Man weiß nie, was mit unserem Land und unserer Wirtschaft passieren wird, aber wer Gottes Reich sucht, ist immer in Sicherheit.

Ich sehe so viele Menschen, die ihr eigenes Reich bauen. Wer so handelt, hat vielleicht ein größeres Haus, ein schöneres Auto und bessere Nahrung hier auf der Erde. Vielleicht. Aber er ist auf sich gestellt. Er opfert die Gewissheit, dass Gott für ihn sorgt, egal was in unserer Welt geschieht. Wer jedoch zuerst Gottes Reich baut, braucht sich keine Sorgen zu machen. Niemals. Gott wird immer für diese Menschen sorgen und es ist aufregend, ihn dabei zu beobachten. Einige unserer besten Erinnerungen haben Lisa und ich an die Zeiten, als wir Gott dabei zusahen, wie er sein Versprechen hielt.

6. *DER AUFTRAG FÜHRT ZU EINER GLÜCKLICHEN EHE.*

Wenn ich ehrlich bin, haben Lisa und ich wenig gemeinsam. Ich liebe Sport, sie nicht. Sie geht gern shoppen und ich kann das überhaupt nicht ausstehen. Sie singt gern und ich klinge wie eine Kuh. Ich mag seltsame asiatische Gerichte, vor denen sie sich gruselt. Ich surfe gern, aber sie weigert sich, auch nur ins Meer zu gehen. Ihr gefallen ernsthafte Gespräche, ich mag es sarkastisch. Sie liebt Jesus. Ich liebe Jesus. Und das genügt.

Unsere gemeinsame Liebe zu Jesus verbindet uns und besonders unsere Liebe zu seiner Mission. Wir lieben es beide, Menschen dabei zu helfen, von ihren Sünden umzukehren, sich zu Jesus zu wenden und mit dem Heiligen Geist erfüllt zu werden. Ich liebe es, ihr zuzusehen, wie sie ihren Glauben weitergibt, jüngere Frauen in der Nachfolge schult, für die Armen sorgt und sich um Kinder kümmert. Es klingt vielleicht komisch, aber wenn ich sehe, wie sie Jesus dient, macht sie das für mich noch attraktiver. Und sie liebt es, wenn ich furchtlos für Gott eintrete, auch wenn andere darauf feindselig reagieren. Sie ermutigt mich in meinem Dienst und versichert mir, dass sie sich gut um die Kinder kümmern wird, während ich unterwegs bin, um zu predigen und zu dienen.

Wir lieben es, den Auftrag Jesu *gemeinsam* auszuführen. Tatsächlich entstehen Konflikte hauptsächlich dann, wenn wir diese Mission vernachlässigen und uns auf unsere eigenen Wünsche konzentrieren. Dem Auftrag treu zu bleiben, das ist es, was uns näher zueinander zieht.

> Ihr sollt so leben, wie es der Botschaft von Christus entspricht. Ob ich komme und euch wieder sehe oder ob ich nur von euch höre, haltet im Geist fest zusammen und kämpft gemeinsam für den Glauben an die Botschaft Gottes. (Philipper 1,27)

Was Paulus sich für die Philipper wünscht, ist genau das, was wir uns für unsere Ehe wünschen. Wir wollen „im Geist fest zusammenhalten" und „gemeinsam für den Glauben an die Botschaft Gottes kämpfen". Wir arbeiten als Team und wir gewinnen als Team. Ehrlich, wir investieren nicht viel Zeit, um an unserer Einheit zu arbeiten. Die Einheit hat sich aus unserem gemeinsamen Auftrag ergeben. Sie ist ein Nebenprodukt unseres Dienstes für den Herrn.

Wenn Sie jemals für kurze Zeit an einem Missionseinsatz teilgenommen haben, wissen Sie vielleicht, wovon ich rede. Sehr oft bricht man mit Menschen auf, die einem völlig fremd sind. Beim Blick in die Runde stellt man fest, dass man mit den anderen sehr wenig gemeinsam hat. Aber wenn man sich am Ende verabschiedet, ist ein Band zwischen den Teilnehmern entstanden. Man hat sich nicht darum bemüht, so eine Verbindung zu schaffen. Man hatte den Auftrag im Blick, aber der Auftrag hat alle einander nahegebracht.

Oder denken Sie an eine Sportmannschaft, die sich vor Freude umarmt, wenn sie eine Meisterschaft gewonnen hat. Solange sich die Spieler auf dasselbe Ziel konzentrieren, bilden sie vorübergehend eine Einheit. Sie haben nicht Händchen gehalten oder sind in die Seelsorge gegangen, um bessere Freunde zu werden. Ihr Blick war auf die Meisterschaft ausgerichtet und ihre Verbindung entstand von allein. Das Gleiche gilt für die Ehe und die Familie.

Wenn zwei Menschen dem einen Geist folgen und ihr Leben ganz dem Auftrag widmen, dann ist Einheit das natürliche Ergebnis.

Ich habe sogar miterlebt, wie Ehen durch eine erneute Ausrichtung auf die Mission gerettet wurden. Mein Freund Carl zählte schon die Tage: Sobald sein Sohn seinen Schulabschluss haben und ausziehen würde, wollte er seine Frau verlassen. Ohne dass Carl es wusste, hatte seine Frau die gleiche Absicht. Schließlich war ihr Sohn das Einzige, was sie gemeinsam hatten. Die Liebe zwischen ihnen war schon vor längerer Zeit verloren gegangen. So etwas kommt häufig vor. Paare können die Kinder leicht zu ihrem Lebensinhalt machen und wenn die Kinder weg sind, ist es auch mit der Ehe vorbei.

Aber irgendetwas passierte mit Carls Frau. Sie hatte plötzlich nichts anderes mehr im Sinn als Gottes Auftrag für ihr Leben. Sie entwickelte eine Liebe für Mädchen in den Fängen der Sexindustrie. Sie begann nach Möglichkeiten zu suchen, um sie aus diesem Leben zu befreien und mit Jesus in Berührung zu bringen. Schließlich gründete sie einen eigenen Dienst, um Mädchen zu befreien und ihnen zu helfen, ihr Leben wiederherzustellen. Ihre Leidenschaft war so ansteckend, dass Carl unwillkürlich in diesen Dienst hineingezogen wurde. Er selbst drückte es so aus: Als er ihre Barmherzigkeit sah, fühlte er sich zu ihr hingezogen. Indem sie Gottes Auftrag annahmen, wurden sie vereint. Heute lieben sie sich ganz offensichtlich und leiten diesen Dienst gemeinsam.

7. GOTTES AUFTRAG HAT MEHR BEDEUTUNG ALS IHRE EHE.

Die meisten würden 1. Korinther 7 für ein Kapitel halten, das bestimmt nicht in einem Buch über die Ehe erscheint. Schließlich handelt es davon, ledig zu sein. Aber es enthält eine wesentliche Lektion für Ehepaare. Tatsächlich hat dieser Abschnitt der Bibel uns vielleicht stärker als alle anderen motiviert, dieses Buch zu schreiben. In 1. Korinther 7 sagt uns derselbe Paulus, der im Epheserbrief die Männer aufgefordert hat ihre Frauen zu lieben: „Dies aber sage ich, Brüder: Die Zeit ist begrenzt: dass künftig die, die Frauen haben, seien, als hätten sie keine“ (Vers 29; Elberfelder). Wie bitte?

Paulus geht es darum zu sagen, dass das Leben auf der Erde kurz ist. Es herrscht eine Dringlichkeit in dem Zeitraum, in dem wir leben – nach der Auferstehung Jesu und vor seiner Wiederkunft. Jeder von uns hat eine Berufung von Gott und diese Berufung ist von größerer Bedeutung als unsere Ehe. Nach Gottes Reich zu trachten muss unsere erste Priorität sein und wenn wir nicht aufpassen, kann uns die Ehe dabei im Weg stehen.

> Eines ist sicher, liebe Brüder: Die Zeit, die noch bleibt, ist kurz; deshalb sollen die Männer ihre Ehe nicht zu ihrem wichtigsten Lebensinhalt machen. Weder Traurigkeit noch Freude oder Wohlstand sollen jemanden davon abhalten, Gott mit allen Kräften zu dienen. Wer häufig mit den Angelegenheiten dieser Welt in Berührung kommt, sollte sie nutzen, ohne sich an sie zu binden, denn die Welt und alles, was zu ihr gehört, wird vergehen.
>
> Ich möchte, dass ihr in allem, was ihr tut, von den Sorgen dieses Lebens frei seid. Ein unverheirateter Mann kann seine Zeit ganz für die Sache des Herrn einsetzen und darüber nachdenken, wie er ihm Freude machen kann. Für einen verheirateten Mann ist das sehr viel schwerer. Er muss seine irdischen Verpflichtungen erfüllen und sich überlegen, wie er seiner Frau gefallen kann. Seine Aufmerksamkeit ist geteilt. Genauso kann eine Frau, die nicht mehr verheiratet ist oder nie verheiratet war, sich körperlich und geistig sehr viel stärker für den Herrn einsetzen als eine verheiratete Frau, die sich um ihre irdischen Verpflichtungen kümmern und darüber nachdenken muss, wie sie ihrem Mann gefallen kann. Ich sage das, um euch zu helfen, und nicht, um euch zu bedrängen. Ich möchte, dass ihr anständig lebt und zuverlässig dem Herrn dient, ohne euch ablenken zu lassen. (1. Korinther 7,29-35)

Der letzte Vers ist der Schlüssel zu diesem Abschnitt. Er ist der Schlüssel zum Leben. Jeder von uns soll „zuverlässig dem Herrn“ dienen, ohne sich „ablenken zu lassen“. Wir dürfen nicht zulassen, dass die Ehe uns von unserer eigentlichen, höheren Berufung ablenkt. In Vers 34 sagt Paulus deutlich, dass die Ehe bewirken kann, dass wir unsere Augen von Jesus abwenden und in ungesunder Weise aufeinander richten. Am Ende streben wir nur noch danach, uns gegenseitig zu gefallen, anstatt Jesus. Die Ehe kann uns an einen Punkt bringen, an dem unsere „Aufmerksamkeit geteilt ist“ (Vers 34), während es doch unser Ziel ist, dem Herrn zu dienen, „ohne uns ablenken zu lassen“ (Vers 35).

Wenn es in der Ehe gut läuft, sind wir versucht, uns mehr aneinander zu freuen als an Jesus. Wenn es schlecht läuft, können wir uns durch den Schmerz in unserer Ehe davon ablenken lassen, Jesus zu lieben. Lisa und ich haben viele Bekannte, deren Ehe gemessen an den meisten Definitionen „gut“ ist, aber das scheint sie von ihrem Auftrag abzulenken. Kann man eine Ehe wirklich „gut“ nennen, wenn man sich so sehr auf die Familie konzentriert, dass man versäumt, Menschen für Jesus zu gewinnen, sich um die Armen zu kümmern, den Verlorenen nachzugehen und die eigenen Begabungen und Mittel für andere einzusetzen? Es stimmt, dass eine gesunde Beziehung im Sinne der Mission wichtig ist, aber wir müssen uns davor hüten, die Ehe zu sehr zu genießen. Selbst Gutes kann zum Götzen werden (Römer 1,25). Das Ziel ist, dem Herrn zu dienen, „ohne sich ablenken zu lassen“. Lassen Sie nicht zu, dass Ihre Zuneigung oder Ihre Konflikte Sie von Gottes Willen und seinem Auftrag ablenken.

Damit will ich nicht sagen, dass die Ehe immer eine Ablenkung ist. Paulus erklärt, dass die Ehe hilfreich für den Auftrag sein kann.

Manche werden tatsächlich von Ablenkungen befreit, wenn sie heiraten. Weiter oben in dem Abschnitt erklärt Paulus, dass uns die Ehe in manchen Fällen vor unnötiger sexueller Versuchung bewahren kann (1. Korinther 7,1-5). Vergessen wir nicht, dass die Ehe etwas Gutes ist. Gott hat sie sich schließlich ausgedacht. Er richtete sie im Garten Eden ein, bevor die Sünde in die Welt kam. Ja, durch die Ehe können wir gemeinsam mehr erreichen, als es uns allein gelingen würde (1. Mose 2,18-25).

Aber wie alles Gute kann der Satan unsere Beziehungen zueinander zum Bösen benutzen. Wir glauben, dass das leider in unseren Gemeinden zur Norm geworden ist. Ehen, die sich um sich selbst drehen, finden mehr Zustimmung und Anerkennung als Ehen, die sich um Christus drehen.

In Gemeindekreisen hören wir oft den Satz: „Gott zuerst, dann die Familie." Das wird zwar häufig gesagt, aber ich sehe nicht, dass das auch wirklich so gelebt wird. Denken Sie einmal darüber nach. Was wäre, wenn Sie Ihre Einstellung in „die Familie kommt zuerst" ändern würden? Würden Sie sich dann tatsächlich anders verhalten müssen als jetzt?

8. DIE WIEDERKUNFT CHRISTI TREIBT UNS AN.

Ich bin versucht, an dieser Stelle Matthäus 24–25 mit Ihnen durcharbeiten, aber vielleicht ist es besser, wenn Sie diese zwei Kapitel einfach für sich lesen. Ernsthaft, schnappen Sie sich Ihre Bibel und lesen Sie diese beiden wichtigen Kapitel. Beten Sie darüber, lesen Sie sie und ziehen Sie Ihre eigenen Schlüsse, in welcher Weise die Wiederkunft Jesu unser Leben heute beeinflussen sollte.

TRAINIEREN, UM DAS ZIEL ZU ERREICHEN – LISA

Schon als Heranwachsende konnte ich mir nichts Besseres vorstellen, als Ehefrau und Mutter zu werden. Mein größter Wunsch war es, einen Christen zu heiraten (an einen Pastor dachte ich dabei nicht) und christliche Kinder zu erziehen. Ehrlich gesagt hatte ich darüber hinaus keine größeren Vorstellungen. Es war kein falscher Wunsch; natürlich wollte Gott nicht, dass ich einen Ungläubigen heirate, und Kinder sind schon immer ein Segen gewesen. Aber ohne mir dessen bewusst zu sein, hatte ich diesen Rollen einen größeren Wert beigemessen als meiner grundlegenden und wahren Identität als Kind Gottes. Ich strengte mich mehr an, eine großartige Ehefrau und Mutter als eine wunderbare Frau Gottes zu werden.

Wenn ich ehrlich bin, fragte ich Gott im Gebet nie wirklich, was *er* von mir wollte. Ich war wie automatisch gesteuert und folgte blind dem, was ich selbst für meine Aufgabe hier auf der Erde hielt. Natürlich möchte Gott, dass ich meinen Mann liebe und meine Kinder gut erziehe. Aber es wird gefährlich, sobald *irgendetwas* mehr Gewicht für uns bekommt als die Tatsache, dass wir hier sind, um Gottes Absichten zu erfüllen.

Sie sind mehr als ein Ehepartner. Wenn Sie mit Kindern gesegnet sind, sind Sie mehr als ein Elternteil. Sie haben einen einzigartigen Platz im Reich Gottes und er hat große Aufgaben für Sie – Aufgaben, die er plante, noch bevor Sie auf der Welt waren.

> Denn wir sind sein Gebilde, in Christus Jesus geschaffen zu guten Werken, die Gott vorher bereitet hat, damit wir in ihnen wandeln sollen. (Epheser 2,10; Elberfelder)

Lesen Sie sich diesen Vers mehrmals durch. Käme Ihnen das nicht verrückt vor, wenn wir uns nicht aktiv darum bemühen würden, die guten Werke auszuführen, die Gott vor aller Ewigkeit für uns vorbereitet hat – was immer das auch sein mag? Es ist nicht so, dass das Universum ohne uns zusammenbricht, aber Gott *lädt uns ein,* an seinem Reich mitzuarbeiten. *Wir* sind diejenigen, die etwas verpassen! Ich weiß jedenfalls, dass ich etwas verpasst hatte – bis ich erkannte, dass Gott etwas Größeres im Sinn hatte als meine eigene kleine Welt.

Ich will Ihnen damit nicht sagen, dass Sie Ihren Ehepartner vernachlässigen oder Ihre Kinder ablehnen sollen. Keinesfalls. Ich möchte, dass Sie über eine Welt außerhalb Ihrer christlichen Seifenblase nachdenken. Es tut mir leid, wenn das hart klingt, aber ich war selbst in so einer Seifenblase! Und als sie platzte, erschrak ich vielleicht, aber ich war auch befreit. Für manche von Ihnen geht es gar nicht um die christliche Seifenblase, sondern schlicht um den guten alten „Götzendienst" an der Familie. Ich möchte, dass Sie sich ernsthaft fragen: Was nimmt mehr meiner Zeit in Anspruch – dass ich mich darum bemühe, ein guter Ehepartner und ein guter Vater oder eine gute Mutter zu sein, oder darum, ein gottgefälliger Mensch zu sein?

Ich rede von dem Unterschied zwischen „Ich gehe heute mit den Kindern in den Park, denn das wird ihnen gefallen" und „Ich lade unsere neue Nachbarin ein, mit uns in den Park zu gehen, denn das wird nicht nur meinen Kindern gefallen, sondern gibt mir die Möglichkeit, sie besser kennenzulernen und ihr zu vermitteln, dass ich für sie da bin, wenn sie etwas braucht".

Es geht auch um den sehr einfachen, aber grundlegenden Unterschied, ob ich jeden Tag exakt nach meinen eigenen Plänen gestalte oder ob ich mir die Zeit nehme, Gemeinschaft mit Jesus zu haben, zu beten und ihn zu bitten, dass er mir die Leute zeigt, die ich lieben soll, und die Nöte, auf die ich reagieren soll.

Im Berufsleben ist es ganz selbstverständlich Ihr Ziel, die Aufgaben zu erfüllen, die Ihr Chef für Sie vorgesehen hat. Wenn Sie wirklich nicht wüssten, welche Aufgaben am wichtigsten oder dringendsten sind, würden Sie zu Ihrem Chef gehen und ihn fragen.

Für uns Gläubige ist Jesus unser Herr und Meister und trotzdem vernachlässigen wir vieles, was er uns aufträgt. Wenn das geschieht, fragt Jesus: „Warum nennt ihr mich also ‚Herr', wenn ihr nicht tut, was ich sage?" (Lukas 6,46).

Manchmal denke ich darüber nach, wie es ist, in einer Mission unterwegs zu sein. Dann habe ich das Bild eines Sportlers vor Augen. Ich bin wahrscheinlich eine der unsportlichsten Personen, die man sich vorstellen kann. Aber ich habe immer furchtbar gerne Gymnastik und Eislaufen geschaut. (Typisch Mädchen, ich weiß.) Und oft ertappe ich mich dabei, dass ich darüber nachdenke, was diese Sportler alles auf sich nehmen, um in ihrer Disziplin so gut zu werden. Es ist unglaublich! Sie sind völlig auf den Sport ausgerichtet und ordnen ihm alles unter. Hören Sie sich die Interviews mit ihnen an und Sie werden von den Dingen erfahren, die sie aufgeben, von den Beziehungen, die sie opfern, von der Zeit, die sie dem Sport widmen! Sie leben mit einem einzigen Ziel im Kopf. Sie haben eine *Mission.*

Wir alle sollten so leben.

> Denkt daran, dass alle wie in einem Wettrennen laufen, aber nur einer den Siegespreis bekommt. Lauft so, dass ihr

> ihn gewinnt! Jeder Athlet übt strenge Selbstdisziplin. Er tut das allerdings, um einen Preis zu erringen, dessen Wert verblassen wird – wir aber tun es für einen ewigen Preis. So halte ich mir stets das Ziel vor Augen und laufe mit jedem Schritt darauf zu. Ich kämpfe wie ein Boxer, aber nicht wie einer, der ins Leere schlägt. Mit der eisernen Disziplin eines Athleten bezwinge ich meinen Körper, damit er mir gehorcht. Sonst müsste ich befürchten, dass ich zwar anderen gepredigt habe, mich danach aber womöglich selbst disqualifiziere. (1. Korinther 9,24-27)

Als Christen sollten wir die diszipliniertesten, eifrigsten, zielstrebigsten, liebevollsten Menschen weit und breit sein. Für den Auftrag lohnt sich das Training, das Opfer, der Schmerz. Mit dem einen Ziel im Kopf werden wir dazu bereit sein, unser Leben loszulassen und alles aufzugeben für die Mission, zu der Christus uns beruft.

Wir können es uns nicht leisten, ziellos herumzulaufen und unser eigenes Ding zu machen. Jeder von uns steht in der Verantwortung, Gott zu ehren und einen guten Wettkampf abzuliefern, unabhängig davon, was die anderen tun. Aber sehen wir der Wahrheit ins Auge: Die Ehe ist Teamarbeit. Sie funktioniert am besten, wenn Mann und Frau sich beide dem Auftrag widmen. Wenn ein Mitglied des Teams nachlässig wird, gerät alles aus der Bahn.

Aber gerade hier ist Paulus' Bild vom Training so ausdrucksstark. Es kann sein, dass man ein zusätzliches Gewicht stemmen muss, man muss sich vielleicht noch mehr anstrengen. Aber im Wettkampf, wenn die Gedanken fest auf das Ziel gerichtet sind, nimmt man alles auf sich, was nötig ist. Denn auch wenn es unfair und total mies ist – jemand, der wirklich glaubt, wirft nicht das Handtuch und gibt auf.

Vielleicht bemerken andere das schwächere Glied – vielleicht auch nicht – und wahrscheinlich erhält man keine irdische Anerkennung für die zusätzliche Mühe. Aber man will sich sicher sein, dass man alles in der eigenen Macht Stehende getan hat, um die Ziellinie zu erreichen.

Ehefrauen sage ich oft, dass ich *nicht* am Ende meines Lebens vor Gott stehen und mich von ihm fragen lassen will: „Warum hast du deinen Mann daran gehindert, die Aufgabe, zu der ich ihn berufen habe, vollständig zu erfüllen?" Das würde mich niederschmettern! Und ich will auch nicht, dass Francis mich verhätscheln und darauf achten muss, mir ja nicht zu viel zuzumuten, weil ich das Gefühl hätte, nicht damit klarzukommen. Gott ist vertrauenswürdig. Er kann *alle* unsere Bedürfnisse stillen. Und wenn Sie sich auf den Auftrag konzentrieren, wird er Ihnen nicht nur geben, was Sie brauchen. Er wird Ihnen Gnade um Gnade schenken, während Sie ihm dabei zusehen, wie er wirkt und Dinge bewegt und wie er Menschenleben direkt vor Ihren Augen verändert. Und dann werden Sie *wirklich* weinen und denken: „All das hätte ich verpassen können, weil ich wollte, dass meine Tochter die ganze Zeit an dieser Schule bleibt, oder weil ich Angst hatte, was das für meinen Sohn bedeuten würde, oder weil ich einfach so selbstsüchtig war."

Wenn wir ehrlich zu uns selbst wären, würden wir zugeben, dass wir oft keine Mühe für unser Leben mit Christus aufwenden wollen. Wir wollen nicht die erforderliche Trainingszeit investieren, damit unser Leben und unsere Ehe auf die Mission ausgerichtet bleiben. Aber wie soll das sonst funktionieren?

> ... nutze deine Zeit und Kraft, um im Glauben immer stärker zu werden. Körperliches Training hat einen gewissen

> Wert, aber geistliches Training ist noch viel wichtiger, denn es verspricht Gewinn in diesem wie auch im zukünftigen Leben. Diese Wahrheit sollte jeder gelten lassen. (1. Timotheus 4,7-9)

Ich mag Bibelstellen, die so schnörkellos und direkt sind wie diese. Ein gottgefälliges Leben und eine gottgefällige Ehe kommen nicht von alleine. Geistliche Muskeln müssen ständig trainiert werden und die Leidenschaft für die göttlichen Dinge muss regelmäßig befeuert werden. Paulus befiehlt uns nicht nur, für ein Leben zu trainieren, das Gott gefällt, sondern direkt danach sagt er: „Auf dieses Ziel hin mühen wir uns ja und setzen unsere Kräfte ein" (1. Timotheus 4,10; Gute Nachricht Bibel). Man muss pausenlos daran arbeiten. Paulus muss die Philipper erinnern: „*Arbeitet* mit Furcht und Zittern an eurer Rettung" (Philipper 2,12; Hoffnung für alle). Sie sollen nicht *für* ihre Rettung arbeiten – das ist ein Geschenk von Gott –, aber *an* ihrer Rettung, sodass ihre Rettung sich in ihrem „Leben voll und ganz auswirkt" (Neue Genfer Übersetzung). Dann erinnert er sie daran, warum sie sich bemühen sollen: „Denn Gott ist es, der in euch wirkt, sowohl das Wollen als auch das Wirken zu seinem Wohlgefallen" (Philipper 2,13; Elberfelder).

Ich kann bezeugen, dass der Auftrag wesentlich attraktiver ist als die Sicherheit des gegenwärtigen Zustands. Ja, manchmal bin ich versucht ein „normales" Leben zu führen. Es gibt Momente, in denen ich einfach nur egoistisch sein und nicht so viel darüber nachdenken möchte, was Gott will. Aber es ist zu spät. Wenn man das wahre Leben einmal gekostet hat, gibt es kein Zurück mehr.

David drängt uns: „Schmecke und sieh, dass der Herr gut ist" (Psalm 34,9), und das habe ich erlebt. Ich habe geschmeckt, wie es ist, ein Leben zu führen, in dem man sich immer mehr an Gott verschenkt. Ich habe seine Liebe zu anderen geschmeckt und gesehen und wenn er Ihnen dieselbe Liebe ins Herz gibt, kommt es Ihnen hohl und unbefriedigend vor, wieder in Ihre alte Lebensweise zurückzufallen. Mir liegt ein Geschmack auf der Zunge von einer Nähe zu Gott, die durch Glaubensschritte gekommen ist – Schritte, die Sie so nah zu ihm hinziehen, dass Sie niemals wieder wegwollen, selbst dann nicht, wenn Gott Sie lassen würde.

Dieses Verlangen ist aus dem Leben für den Auftrag Jesu entstanden. Zu Anfang war es nicht da. Ehrlich gesagt, ging es mir zunächst einfach nur darum, *Gott nicht zu verpassen.* Ich weiß noch genau, wie ich in einem Flugzeug saß, hinaus auf den endlosen Himmel schaute und Gott im Gebet fragte, was er mit unserer Familie vorhatte. Mich bedrückte der Gedanke, wir könnten uns so sehr in unser eigenes Leben verstricken, dass wir komplett an Gottes Plänen vorbeileben würden. Das machte mir ein wenig Angst. Ich fürchtete mich vor der Hingabe an Gott, aber noch mehr fürchtete ich mich bei dem Gedanken daran, was ich verpassen würde, wenn ich mich Gott nicht auslieferte.

> Ich will vor Gott bezeugen, dass ihr nicht mehr leben sollt wie Menschen, die Gott nicht kennen und deren Denken ohne Sinn und Ziel ist. Ihr Verstand ist verfinstert und sie sind von dem Leben, das Gott für sie hat, weit entfernt, weil sie von ihm nichts wissen wollen und ihre Herzen hart geworden sind. Gleichgültig überlassen sie sich ganz ihren ausschweifenden Leidenschaften und suchen gierig nach jeder Art von Verlockung. Durch Christus habt ihr jedoch etwas anderes kennengelernt, wenn ihr ihm zugehört habt

> und die Wahrheit kennt, die in ihm ist. Deshalb sollt ihr euer altes Wesen und eure frühere Lebensweise ablegen, die durch und durch verdorben war und euch durch trügerische Leidenschaften zu Grunde richtete. Lasst euch stattdessen einen neuen Geist und ein verändertes Denken geben. Als neue Menschen, geschaffen nach dem Ebenbild Gottes und zur Gerechtigkeit, Heiligkeit und Wahrheit berufen, sollt ihr auch ein neues Wesen annehmen. (Epheser 4,17-24)

Menschen, die nicht glauben, werden ein ichbezogenes, habgieriges, lustbetontes, zügelloses Leben führen.

Aber die Menschen, die zu Christus gehören, werden in einer Mission unterwegs sein. Sie werden die alte, verdorbene Lebensweise ablegen und in ein ganz neues Ich schlüpfen! Sich ganz um den Auftrag zu kümmern bedeutet, die Dinge abzulegen, die uns behindern.

> (...) wollen wir jede Last ablegen, die uns behindert, besonders die Sünde, in die wir uns so leicht verstricken. Wir wollen den Wettlauf bis zum Ende durchhalten, für den wir bestimmt sind. (Hebräer 12,1)

Denken Sie noch einmal an die ungeteilte Hingabe der olympischen Sportler. Sie zeigen sich fast buchstäblich in Unterwäsche vor Millionen von Menschen, damit sie möglichst nichts behindert. Das kleinste bisschen Masse, das sie in Form von Kleidung an sich tragen, kann sie bremsen, darum befreien sie sich von jedem unnötigen Hindernis.

Welche Sünde behindert Sie jetzt gerade? In was sind Sie verstrickt, das es Ihnen unmöglich macht, im Wettlauf gut voranzukommen?

Was ist mit den Dingen, die nicht zwangsläufig Sünde sind, Sie aber trotzdem *ablenken?*

Unseren Blick fest auf Jesus zu richten bedeutet, unsere Augen von dem abzuwenden, was wir sonst so anstarren. Den Fernseher? YouTube? Einkaufsportale im Internet? Unsere eigene Familie? Wir werden unser Leben lang bewusste Entscheidungen treffen müssen, um auf unsere Mission ausgerichtet zu bleiben.

Ich erinnere mich an einen Tag im Januar, an dem Francis unsere Familie in Bezug auf unseren Fernsehkonsum vor eine Herausforderung stellte. Er schlug uns vor, ein paar Monate lang genauso viel Zeit mit Bibellesen zu verbringen wie vor dem Fernseher. Wenn wir also dreißig Minuten lang lesen würden, dann könnten wir dreißig Minuten lang fernsehen. Ich wünschte, ich könnte Ihnen sagen, dass wir alle sofort mit von der Partie waren, aber so war es nicht. Wir hatten schon auf Kabelfernsehen verzichtet, darum fand ich, wir machten es schon ziemlich gut, weil wir nur Onlinefilme anschauten. Außerdem ist es immer ein bisschen unbequem, wenn man gebeten wird, eine „Freiheit" aufzugeben. Aber wer konnte etwas dagegen sagen? Es war sinnvoll, uns darin zu üben, Gott das zu geben, was er ohnehin verdiente. (Er verdient noch viel mehr!)

Solche Zeiten des Trainings machen uns – und unsere Kinder – bereit, uns darauf zu konzentrieren, warum wir hier sind. Gott gibt uns eine Menge Freiheit, aber Petrus erinnert uns daran, wozu sie gut ist: „Ihr seid keine Sklaven, sondern freie Menschen. Doch eure Freiheit berechtigt euch nicht dazu, Böses zu tun. Ihr seid frei, um als Diener Gottes zu leben" (1. Petrus 2,16).

Ich hatte das Privileg zu sehen, wie andere Gläubige als Diener Gottes leben. Ich erinnere mich an eine Frau, die so deutlich erkannte, dass sie zu viel Zeit mit der Lektüre von Zeitschriften verbrachte, dass sie alle ihre Abos kündigte, um auf Gott ausgerichtet zu bleiben. Ich denke an meine Freundin Jan, die keine einzige Zeile aus einem Spielfilm zitieren könnte, weil sie seit fünfzehn Jahren keinen mehr angeschaut hat. Aber sie kann sehr viele Verse aus der Bibel zitieren und das setzt sie ein, um die Frauen, die sie in der Nachfolge schult, zu segnen und zu ermutigen. Ich denke an ein junges Paar, das wir kennen. Sie hätten ein Haus in einer ruhigen, „sicheren" Gegend kaufen können, doch stattdessen beschlossen sie, in die Stadtmitte zu ziehen, um die Menschen zu lieben und zu Jüngern zu machen, die ihnen Gott dort über den Weg schickte. Ich denke an ein Ehepaar, das mit drei Kindern in einer Dreizimmerwohnung lebte und eine Frau bei sich aufnahm, die nach einer Suchterkrankung einen neuen Anfang machen wollte. Und ich denke an ein Paar, das ich flüchtig kennenlernte, das mehrere verwaiste behinderte Kinder adoptiert hatte. Sie strahlten einfach Ehrlichkeit, Liebe und Freude aus.

Was für eine Ehre, Zeuge zu werden, wie Gottes Menschen ihrem Auftrag nachgehen, zu sehen, wie Gläubige das Evangelium in ihrem Leben umsetzen. Das ist spannend und attraktiv und es erinnert mich daran, warum es sich lohnt, für ein Leben zu trainieren, das Gott gefällt.

Wenn wir in unserem Leben *keine* Entscheidungen treffen, die halbherzigen Menschen seltsam oder radikal vorkommen, müssen wir wahrscheinlich prüfen, was los ist. Gläubige mit einer Mission wirken auf den Großteil der Welt ein wenig verrückt, genauso wie der Trainingsplan eines olympischen Sportlers für uns ein wenig verrückt aussieht. Was in Ihrem Leben weist darauf hin, dass Sie nicht für diese Welt leben?

Als ich ein Kind war, hat unsere Familie ständig Fahrten raus ins Gelände unternommen. Wir campten tagelang in der Wüste – am Ende der Welt – ohne Dusche, mit einer tragbaren Toilette und einem Gaskocher, auf dem wir all unsere Mahlzeiten kochten. Nachts lagen wir auf einer Sanddüne und es war, als könnten wir die Hand ausstrecken und die Sterne berühren. Es verschlug uns den Atem! Ich habe so wunderbare Erinnerungen an diese Ausflüge.

Aber nach ein paar Tagen war es der Geruch unserer eigenen Haare, der uns den Atem verschlug! Die Sonne brannte den ganzen Tag auf uns herab und der Dreck und Schmutz der Geländefahrten legte sich auf unsere Haut. Wir gaben vielleicht ein Bild ab! Wir ernteten interessante Blicke, wenn wir auf dem Heimweg irgendwo zum Essen einkehrten. Und wenn wir nach Hause kamen, gab es nichts Herrlicheres, als lange und heiß zu duschen, in einen sauberen, bequemen Schlafanzug zu schlüpfen und ins *eigene Bett* zu fallen. Zu Hause! Den erholsamsten Schlaf fanden wir in den Nächten, wenn wir vom Campen zurückkehrten.

Ich muss unwillkürlich eine Verbindung herstellen zu dem, was heute in unserem Leben geschieht. Wir sind auf einem Campingausflug! Er dauert vielleicht siebzig oder achtzig Jahre, aber genau das ist es.

Diese Welt ist nicht unsere Heimat und obwohl wir ziemlich gut zurechtkommen können und es uns bis zu einem gewissen Grad hier gefallen kann, wird nichts uns so viel Freude bereiten wie die Heimkehr in unser wahres Zuhause. Völlig gereinigt zu werden von einem lebenslangen Kampf mit der Sünde und dem Dreck dieser Welt. Tatsächlich mit Gerechtigkeit bekleidet zu werden und endlich in die Arme Jesu zu fallen.

Es wäre lächerlich gewesen, wenn Menschen mit ihren Luxusschlitten auf unserem Campingplatz vorgefahren wären, mit ihren Fertighäusern, ihren makellosen Kleidern, Topfpflanzen und ihrem persönlichen Sternekoch. Das ist nicht Camping. Wenn man einen *zeitlich begrenzten* Campingurlaub macht, ist man mit der Grundausstattung mehr als zufrieden. Man muss sich kein schön eingerichtetes, gemütliches Haus hinstellen, weil man bereits weiß, dass man den Großteil der Zeit damit zubringen wird, das Abenteuer zu suchen. Man ruft alle zusammen, packt die Ausrüstung ein und *macht sich auf den Weg.*

Ich bin mir ziemlich sicher, dass ich allein, ohne Francis' Einfluss auf mein Leben, kein sehr „sendungsbewusstes" Leben geführt hätte. Es ist seltsam (und sogar erschreckend), mir vorzustellen, worauf mein Schwerpunkt liegen würde, wenn Gott mich nicht mit meinem Mann zusammengeführt hätte. Ich kenne kaum einen Menschen, der so sehr die Ewigkeit im Blick hat wie er, und ich bin sehr dankbar dafür. Als wir zusammen ausgingen, bewunderte ich seine Ehrfurcht vor Gott und wie ernst er die Nachfolge Christi nahm und seine hohe Achtung vor der Bibel. Es schadete nicht, dass er mich die ganze Zeit zum Lachen brachte, und ich wollte immer mit ihm zusammen sein.

Nachdem wir geheiratet hatten, bewunderte ich all das immer noch an ihm, aber jetzt engte es mich in meinem Lebensstil ein. Er durchdachte Entscheidungen auf eine Art, wie ich es nie zuvor getan hatte, und manchmal kam ich mir vor wie ein geistlicher Verlierer. Es ist komisch, mehr als zwanzig Jahre später zurückzublicken und zu erkennen, wie ichbezogen ich sogar hinsichtlich des geistlichen Wachstums war. Warum fällt mir das nicht so leicht? Bedeutet das, dass er so wenig von mir hält? Warum soll ich Dinge aufgeben – das entspricht nicht meiner Überzeugung. Können wir es nicht einfach so machen wie alle anderen auch?

Aber dem Herrn sei Dank! Je mehr ich im Glauben wuchs und je mehr mein Mann unsere Familie treu anführte, desto mehr Freiheit, Freude und Frieden erlebte ich. Jemanden neben mir zu haben, dem „alles andere" wertlos erscheint, „verglichen mit dem unschätzbaren Gewinn, Jesus Christus, meinen Herrn, zu kennen" (Philipper 3,8), ist mein größtes Geschenk auf Erden.

Manches fühlt sich viel „fremder" an, als es wirklich ist, weil man es einfach noch nicht oft genug gemacht hat. Der Weg wird uns immer vertrauter, je länger wir ihn gehen: Das ist das Schöne an der Entscheidung, ein Leben mit einem Ziel und dem Auftrag Jesu im Herzen zu führen. Die ersten paar Schritte und Veränderungen fühlten sich unbehaglich und schwer an, aber dann setzt dieser wunderschöne Rhythmus ein. Man stellt fest, dass man den Wunsch hat, in der Spur zu bleiben, auch wenn es immer noch Momente des Widerstandes (oder der Versuchung) gibt. Man will nichts von dem Segen verpassen, den man bekommt, weil man die Augen fest auf das richtet, was wirklich zählt.

FAZIT: GENUG GESAGT

> Der Herr freute sich sehr. „Gut gemacht, mein guter und treuer Diener. Du bist mit diesem kleinen Betrag zuverlässig umgegangen, deshalb will ich dir größere Verantwortung übertragen. Lass uns miteinander feiern!" (Matthäus 25,21)

Gibt es etwas, das Sie sich mehr wünschen, als zu hören, wie dieses „gut gemacht" über Gottes Lippen kommt?

Nicht „gut gesagt" oder „gut ausgedacht", sondern einfach „gut *gemacht*". Tun Sie etwas. Gebrauchen Sie heute Ihr Wissen, Ihre Begabungen und Ihren Besitz. Sie haben einen Auftrag auszuführen.

ZUR TAT SCHREITEN

Wir haben den Auftrag immer vor uns: Menschen zu Jüngern machen. Ihr voller Terminkalender, Ihre ungesunde Konzentration auf die Familie, Ihr Streben, die eigenen Wünsche zu verwirklichen – all das hebt den Missionsbefehl nicht auf, sondern zeigt nur, dass Sie ihn vernachlässigt haben. Es wird Zeit, sich wieder darauf auszurichten. Das wird wirklich jeden Bereich Ihres Lebens berühren. Benutzen Sie die folgenden Vorschläge, um sich auf den Weg zu machen, doch bleiben Sie nicht dabei stehen.

PRÜFEN SIE, WIE WICHTIG IHNEN DER AUFTRAG JESU IST.

- *Setzen Sie sich mit Ihrem Ehepartner zusammen und bewerten Sie ehrlich, wie groß Ihre Hingabe an die Mission ist, die Gott Ihnen gegeben hat.*

- *Wo wird in Ihrem Leben sichtbar, dass der von Gott gegebene Auftrag, Menschen zu Jüngern zu machen, Ihnen etwas bedeutet?*

- *In welchen Bereichen Ihres Lebens sind Sie gegenüber Gottes Befehl, Menschen zu Jüngern zu machen, ganz offen ungehorsam?*

- *Denken Sie ganz praktisch darüber nach: Womit können Sie anfangen und Ihr Leben neu ordnen, damit der Auftrag, Menschen zu Jüngern zu machen, im Mittelpunkt steht?*

FANGEN SIE SOFORT AN ZU HANDELN.

- *Der Missionsbefehl verlangt eine völlige Neuordnung Ihres Lebens, doch Sie müssen auch jetzt sofort etwas tun. Sie dürfen Gottes Auftrag nicht weiter aufschieben.*

- *Einigen Sie sich mit Ihrem Ehepartner (und vielleicht der ganzen Familie) auf mindestens eine Sache, die Sie tun können, um sich wieder auf Gottes Auftrag zu konzentrieren. Denken Sie über folgende Dinge nach:*

  Finden Sie eine Möglichkeit, um jemandem zu dienen. Wenn Sie in Ihrer Gemeinde diese Gelegenheit haben, dann steigen Sie dort sofort in einen diakonischen Dienst ein. Wenn Sie jemanden kennen, der eine Mahlzeit oder etwas Geld braucht, dann helfen Sie sofort. Wenn Sie jemanden kennen, der Ermutigung braucht, dann rufen Sie Ihre Familie zusammen und überlegen Sie sich, wie Sie das auf kreative Art tun können.

  Verzichten Sie (zumindest vorübergehend) auf einige Dinge, die vielleicht gut sind, Sie aber ablenken, z. B. Fernsehen, Einkaufsbummel, Hobbys usw.

  Sprechen Sie mit Ihrem Pastor darüber, was Ihre Gemeinde tut, um Gottes Auftrag zu erfüllen, und wie Sie sich daran beteiligen können (wenn Sie zurzeit keiner Gemeinde angehören, dann sollten Sie jetzt damit anfangen).

Beginnen Sie ein Gespräch mit jemandem, den Sie nach und nach in die Nachfolge Christi führen können oder von dem Sie etwas über Jüngerschaft lernen können. Das erscheint Ihnen vielleicht ein großer Schritt zu sein, aber es ist wichtig. Wenn Sie nicht wissen, wie Sie anfangen sollen, finden Sie eine Menge hilfreicher Materialien auf www.multiplymovement.com

Gibt es Hoffnung für uns?

EHE UND DIE VERHEISSUNGEN GOTTES

„Ich hab's euch ja gesagt! Ich hab euch gesagt, es würde sich lohnen!!! Das ist unglaublich!!!!!!“

Ich stelle mir vor, wie ich das eines Tages rufe, wenn ich Lisa und die Kinder im Himmel sehe. Sie werden nicht mehr meine Frau und meine Kinder sein, aber wir werden uns mehr lieben als je zuvor. Ich male mir aus, wie ich ihnen in die Augen sehe und sage: „Ich hab's euch gesagt, dass er alles überwinden würde! Ich wusste, er würde seine Verheißungen erfüllen. Ich wusste, dass sich jedes Opfer lohnen würde. Das ist verrückt! Er ist großartig!!!“

Das ist für mich das perfekte Happy End. So stelle ich mir ein märchenhaftes Ende („von da an lebten sie glücklich und zufrieden …“) vor. Darum arbeite ich jetzt vom Ende her – was kann ich heute tun, um sicherzustellen, dass meine Geschichte so ausgeht? Wir alle sollten unsere Entscheidungen aus dieser Perspektive – dem

Rückblick – heraus treffen. Stellen Sie sich vor, wie Sie im Augenblick Ihres Todes vor Gott stehen und auf Ihre irdische Zeit zurückblicken. Was werden Sie in diesem Moment bereuen? Was wird kostbar für Sie sein? Und heute, wie würde Ihr Leben aussehen, wenn Sie Ihre Entscheidungen auf dieser Basis träfen?

Wir können uns darauf verlassen, dass wir unterwegs in den Himmel sind, wenn wir auf Jesus vertrauen. Aber Gott segnet uns sogar darüber hinaus – er verspricht, jedes Opfer zu belohnen, das aus Liebe für sein Reich gebracht wird (Markus 10,28-30). Tatsächlich ist es unmöglich, Gott zu gefallen, wenn wir nicht an seine Belohnung glauben.

> Ihr seht also, dass es unmöglich ist, ohne Glauben Gott zu gefallen. Wer zu ihm kommen möchte, muss glauben, dass Gott existiert und dass er die, die ihn aufrichtig suchen, belohnt. (Hebräer 11,6)

Früher dachte ich, es wäre falsch, sich durch den Dienst für Gott eine Belohnung zu verdienen. Sollten wir ihm nicht einfach dienen wollen, weil er so viel für uns getan hat? Hat er uns nicht bereits viel mehr gegeben, als wir verdienen? Ja, auf jeden Fall. Aber wir dürfen die Tatsache nicht übersehen, dass Jesus uns sogar auffordert, uns „Reichtümer im Himmel" zu sammeln (Matthäus 6,20). Das ganze Neue Testament hindurch erfahren wir, was wir gewinnen, wenn wir ihm dienen.

Sie sollten die Bibelstellen über „Belohnung" und „Lohn" einmal studieren. Das Neue Testament spricht öfter von Belohnung, als Sie vielleicht meinen. Wenn Sie direkt anfangen wollen, sich die Stellen anzuschauen, könnten Sie zu Beginn folgende Verse nachschlagen: 1. Korinther 3,10-15; 2. Korinther 4,17-18; Markus 9,38-50; 10,28-30; Matthäus 5,1-12; 6,1-8; 6,16-21; 10,40-42; Lukas 6,20-36; Kolosser 3,23-25 und Offenbarung 11,16-18.

Genau genommen bewahrt uns dieser Segen vor Selbstgerechtigkeit. Es lenkt die Aufmerksamkeit weg von *unserem* Opfer und hin zu *seiner* Großzügigkeit. In der Ewigkeit wird es nicht darum gehen: „Schau nur, welche Opfer *ich* gebracht habe", sondern vielmehr darum: „Schau, was *er* mir geschenkt hat!" Gott wird im Mittelpunkt der Aufmerksamkeit stehen. Wir werden die Ewigkeit damit zubringen, den „überragenden Reichtum seiner Gnade" zu bestaunen (Epheser 2,7; Elberfelder).

Gott garantiert uns diese Belohnung und er liebt es, wenn wir ihr nachjagen. So sollen wir also durchs Leben gehen – fröhlich den Versuchungen widerstehen, das Evangelium weitergeben und Opfer bringen für die Armen, weil wir wissen, dass die zukünftige Belohnung jedes Leiden weit übertrifft.

DIE EWIGKEIT VERÄNDERT ALLES

„Wenn der Glaube an Christus nur für dieses Leben Hoffnung gibt, sind wir die elendesten Menschen auf der Welt" (1. Korinther 15,19). Das ist wahr. Paulus ist zu bedauern, wenn es keine Auferstehung der Toten gibt. Doch auch das Gegenteil ist wahr: Paulus ist zu beneiden, wenn es eine Auferstehung gibt. Wenn Sie ihn jetzt sehen könnten, wären Sie eifersüchtig. Sie würden gern die Plätze mit ihm tauschen, nicht wahr? Die ganzen Opfer in Paulus' Leben verschafften ihm eine Belohnung, die er in den vergangenen zweitausend Jahren genossen hat. Er spürt kein Fünkchen Reue für die Opfer, die er auf der Erde gebracht hat.

> Deshalb geben wir nie auf. Unser Körper mag sterben, doch unser Geist wird jeden Tag erneuert. Denn unsere jetzigen Sorgen und Schwierigkeiten sind nur gering und von kurzer Dauer, doch sie bewirken in uns *eine unermesslich große Herrlichkeit, die ewig andauern wird!* So sind wir nicht auf das Schwere fixiert, das wir jetzt sehen, sondern blicken nach vorn auf das, was wir noch nicht gesehen haben. Denn die Sorgen, die wir jetzt vor uns sehen, werden bald vorüber sein, aber die Freude, die wir noch nicht gesehen haben, wird ewig dauern. (2. Korinther 4,16-18; Hervorhebung vom Autor)

Richten Sie den Blick fest auf das Unsichtbare. Das Ewige. Lassen Sie sich nicht vom Vergänglichen blenden.

Wir verbringen viel zu viel Zeit damit, auf das Vergängliche zu schauen. Und genau das möchte der Satan bei Ihnen erreichen: dass Sie die Wirklichkeit ignorieren, die Ewigkeit ignorieren, dass Sie an den Dingen zweifeln, von denen Gott sagt, dass sie wahr und wichtig sind. Der Teufel bombardiert Sie mit vergänglichen Angelegenheiten. Er versucht Sie dahin zu bringen, dass Sie Dinge lieben, die keinen Bestand haben. Wie gut gelingt ihm das bei Ihnen?

Probieren Sie einmal Folgendes aus: Schließen Sie die Augen und vergessen Sie alles, was vergänglich ist. Sprechen Sie dann mit Gott nur über die Dinge, die unsichtbar und ewig sind. Das erfordert einige Mühe und tiefes Nachsinnen, aber ich habe dafür gebetet, dass Sie das tun würden. Bitte nehmen Sie sich also ein paar Minuten Zeit und versuchen Sie es.

GESPANNTE ERWARTUNG

Ich habe keine Statistiken zum Beweis, aber aufgrund meiner Erfahrungen würde ich wetten, dass mindestens 95 Prozent der amerikanischen „Christen" sich heute nicht dafür entscheiden würden ihre Familien zu verlassen, wenn sie die Wahl hätten bei Jesus zu sein. Sie können das begründen so viel Sie wollen, aber da stimmt etwas nicht. Paulus erkannte, dass es gut war auf der Erde zu bleiben, um den Menschen um ihn herum zu dienen, aber es war sein brennendes Verlangen bei Jesus zu sein (Philipper 1,21-26). Wenn Sie lieber miterleben wollen, wie Ihre Kinder aufwachsen, als heute in das Gesicht Ihres Heilands zu blicken, dann haben Sie keine Vorstellung von Gottes Schönheit. Wenn Sie sich Sorgen machen, was mit Ihren Kindern passieren würde, wenn Sie nicht mehr da wären, dann haben Sie keine Vorstellung von Gottes Fürsorge. Beten Sie um ein tieferes Verständnis seines Wertes und seiner Hoheit. Beten Sie ernsthaft, bis Sie es kaum erwarten können, sein Gesicht zu sehen.

Als Lisa und ich verlobt waren, sagte ich im Scherz, dass ich mir die Wiederkunft Christi wünschte, aber hoffte, er würde bis nach der Hochzeitsreise damit warten. Obwohl ich kein Engel war, hatte ich mir meine Jungfräulichkeit durch Gottes Gnade bis zur Ehe bewahren können. Deshalb war ich bereit, den Himmel zu verschieben, um die Hochzeitsnacht erleben zu können. Ich sagte es im Scherz, aber Gott weiß, es war mir ernst. Gott bedeutete mir viel, aber nicht so viel. Ich wollte ihn, aber nicht am meisten.

Da ist immer etwas. Die Hochzeit, die Geburt eines Kindes, die Kinder aufwachsen zu sehen, die Enkel aufwachsen zu sehen. Da ist immer etwas Unmittelbares und Reizvolles, das uns davon abhält, uns in gespannter Erwartung auf den Himmel zu freuen. Bei manchen ist die Ursache für ihre mangelnde Begeisterung vielleicht ein Mangel an Meditation. Man denkt nicht viel über den Himmel nach. Bei anderen geht die mangelnde Erwartung vielleicht auf etwas Tieferes zurück: einen Mangel an Glauben.

ZWEIFEL BEKÄMPFEN

Kürzlich wurde ich gebeten, über Gottes Treue zu predigen. Im Lauf der Jahre hatte ich über viele von Gottes Eigenschaften gesprochen, aber nie speziell über seine Treue. Je mehr ich die Bibel studierte und betete, umso deutlicher wurde, dass ich ein Problem damit hatte zu vertrauen. Wie jeder, der dieses Buch liest, bin ich mein ganzes Leben hindurch angelogen worden. Und ich habe auch andere angelogen. Selbst wenn ich sage, dass ich jemandem vertraue, bedeutet das, dass ich demjenigen vielleicht zu 85 Prozent vertraue. Die Zeit des hundertprozentigen Vertrauens war irgendwann im Laufe der Kindheit vorbei. Obwohl ich meiner Frau mehr als jedem anderen Menschen vertraue, liegt das trotzdem nur im 90-Prozent-Bereich. Na gut, vielleicht in den oberen Neunzigern.

Im Lauf des Lebens ist meine Skepsis ständig gewachsen. Früher haben mich die Lügen der Leute schockiert. Jetzt überrascht es mich, wenn jemand ehrlich ist. Einige von Ihnen tun sich in diesem Bereich vielleicht nicht schwer, die meisten von uns aber schon. Und ich glaube nicht, dass diese Art der Skepsis zwangsläufig verkehrt ist. Auch Jesus war skeptisch.

> Durch die Wunder, die er während des Passahfestes in Jerusalem tat, glaubten viele Menschen an seinen Namen. Aber Jesus vertraute sich ihnen nicht an, denn er kannte sie und wusste, wie es in den Menschen wirklich aussieht. Ihm brauchte über die menschliche Natur niemand etwas zu sagen. (Johannes 2,23-25)

In gewissem Maß sind wir alle Lügner. Also sollte es uns nicht überraschen, dass wir Skeptiker sind. Wir wissen, dass wir gelogen haben, also können wir sicher davon ausgehen, dass andere es ebenfalls tun. Darum brauchen wir Verträge. Das Wort einer Person genügt nicht. So ist die Welt eben, in der wir leben. Wenn sich aber unser gewohntes Misstrauen auch auf Gottes Verheißungen ausdehnt, dann wird daraus Sünde. Ohne es zu merken, behandeln wir sein Wort wie das aller anderen.

Ertappen Sie sich dabei, dass Sie zurückhaltend bleiben? Sie gehen in Situationen hinein und erwarten das Schlimmste, damit Sie nicht enttäuscht werden können. Menschen haben Sie im Stich gelassen und Sie wollen nicht wieder verletzt werden. Sie schützen sich vor Enttäuschung, aber dabei haben Sie Ihre Fähigkeit zu hoffen verloren. Gott will nicht, dass seine Kinder so leben. Er will, dass wir vor Erwartung strahlen. Er will, dass wir zuversichtlich sind und uns wahnsinnig auf unsere Zukunft im Himmel freuen. Er will, dass wir mit „freudigem Stolz an dem festhalten, worauf wir hoffen“ (Hebräer 3,6; Gute Nachricht Bibel). Lassen Sie nicht zu, dass die Lügen aus der Vergangenheit Ihre Freude über Gottes Verheißungen für die Zukunft vernichten. Feiern Sie heute den Himmel. Auch wenn Menschen uns anlügen, wird Gott das niemals tun.

> Dieser Brief stammt von Paulus, einem Diener Gottes. Ich bin ein Apostel von Jesus Christus, dazu berufen, die von Gott Auserwählten in ihrem Glauben zu unterstützen und die Wahrheit zu verbreiten, die zum Glauben führt. *Diese Wahrheit schenkt die Hoffnung auf ewiges Leben, das Gott schon vor dem Anfang der Welt zugesagt hat – und er kann nicht lügen.* Nun hat Gott, weil die Zeit dafür gekommen war, diese Botschaft offenbart und mir die Aufgabe übertragen, sie zu verkünden. (Titus 1,1-3, Hervorhebung vom Autor)

Prüfen Sie sich jetzt in diesem Moment. Auf einer Skala von eins bis zehn: Wie sehr begeistert Sie der Gedanke an den Himmel heute? Wie stark hat die Verheißung des Himmels Sie in Ihrer Haltung und Ihrem Handeln in der vergangenen Woche beeinflusst?

Es bedrückte mich, als mir bewusst wurde, dass ich an Gottes Versprechen zweifelte. Ich betete darum, dass Gott mir helfen würde, ihm zu vertrauen – und zwar so sehr, dass ich mich voller Erwartung auf den Himmel freuen würde. Erinnern Sie sich noch, wie aufgeregt Sie als Kind an Weihnachten waren? Am Tag vor Heiligabend konnten Sie kaum noch schlafen, weil sie so gespannt auf Ihre Geschenke waren. Diese Vorfreude zeigte, dass Sie keine Zweifel hatten. Unsere Vorfreude auf Jesus soll sogar noch größer sein. Wenn Sie nicht „sehnsüchtig auf seine Rückkehr warten“ (Hebräer 9,28), dann stimmt etwas nicht. Bitten Sie Gott, die Hoffnung in Ihrem Leben wiederherzustellen. Nicht die Art „Hoffnung“, bei der Sie sich vage wünschen, es würde etwas passieren, sondern eine Hoffnung, die zum Anker für Ihre Seele wird (Hebräer 6,19). Denken Sie über seine Verheißungen nach und beten Sie um Glauben.

> Erkennt deshalb, dass der Herr, euer Gott, der wahre Gott ist. Er ist der treue Gott, der über 1.000 Generationen hinweg zu seinem Bund mit denen steht, die ihn lieben und seinen Geboten nachkommen. (5. Mose 7,9)

> Wenn wir untreu sind, bleibt er treu, denn er kann sich selbst nicht verleugnen. (2. Timotheus 2,13)

Es liegt in seinem ganzen Wesen treu zu sein. Es gibt zwei Dinge, die Gott nicht tun kann: Er kann nicht aufhören treu zu sein; er kann nicht lügen. Also kommen Sie angesichts seiner Versprechen *zur Ruhe* und *freuen* Sie sich daran.

SICH EINE VORSTELLUNG MACHEN

Es ist schwer, sich die Zukunft vorzustellen, aber wir sollten es versuchen. Aus genau diesem Grund beschreibt uns die Bibel unser zukünftiges Dasein. Gott möchte, dass wir vom Himmel begeistert sind. Unsere Aufregung beweist, dass wir an seine – und unsere – Auferstehung glauben.

Ich habe überlegt, ob ich versuchen soll, Ihnen die Freuden des Himmels zu beschreiben. Ich möchte, dass Sie diese Vorfreude spüren, dass Sie begeistert sind von dem Ziel, auf das wir zusteuern. Aber meine Worte reichen nicht aus. Stattdessen wäre es besser, wenn Sie diesen Auszug aus den letzten Seiten der Bibel lesen würden. Die lebhafte Bildersprache, mit der der Himmel in der Offenbarung beschrieben wird, reicht aus, um unsere Fantasie vor lauter Vorfreude mit uns durchgehen zu lassen. Das ist unsere Bestimmung. Himmel und Erde vereinen sich und Gott wohnt höchstpersönlich unter uns. Lesen Sie diesen Abschnitt langsam und versuchen Sie sich das alles vor Ihrem inneren Auge vorzustellen. Lesen Sie den Text immer wieder, bis Sie sich selbst sehen, wie sie sich mit greifbarer Vorfreude nach dem Himmel sehnen.

> Dann sah ich einen neuen Himmel und eine neue Erde, denn der alte Himmel und die alte Erde waren verschwunden. Und auch das Meer war nicht mehr da. Und ich sah die heilige Stadt, das neue Jerusalem, von Gott aus dem Himmel herabkommen wie eine schöne Braut, die sich für ihren Bräutigam geschmückt hat. Ich hörte eine laute Stimme vom Thron her rufen: „Siehe, die Wohnung Gottes ist nun bei den Menschen! Er wird bei ihnen wohnen und sie werden sein Volk sein und Gott selbst wird bei ihnen sein. Er wird alle ihre Tränen abwischen, und es wird keinen Tod und keine Trauer und kein Weinen und keinen Schmerz mehr geben. Denn die erste Welt mit ihrem ganzen Unheil ist für immer vergangen."
>
> Und der, der auf dem Thron saß, sagte: „Ja, ich mache alles neu!" Und dann sagte er zu mir: „Schreib es auf, denn was ich dir sage, ist zuverlässig und wahr!" Und er sagte auch: „Es ist vollendet! Ich bin das Alpha und das Omega – der Anfang und das Ende. Jedem, der durstig ist, werde ich aus der Quelle, die das Wasser des Lebens enthält, umsonst zu trinken geben! Wer siegreich ist, wird dies

alles empfangen; ich werde sein Gott sein, und er wird mein Sohn sein. Doch die Feigen und Treulosen und diejenigen, die abscheuliche Taten tun und die Mörder und Unzüchtigen und die, die Zauberei treiben, die Götzendiener und alle Lügner – sie erwartet der See, der mit Feuer und Schwefel brennt. Das ist der zweite Tod."

Kein Tempel war in der Stadt zu sehen, denn der Herr, Gott, der Allmächtige, und das Lamm sind ihr Tempel. Und die Stadt braucht keine Sonne und keinen Mond, damit es in ihr hell wird, denn die Herrlichkeit Gottes erleuchtet die Stadt, und das Lamm ist ihr Licht. Die Völker der Erde werden in ihrem Licht leben, und die Könige der Welt werden kommen und ihre Herrlichkeit in die Stadt bringen. Ihre Tore bleiben geöffnet, denn es gibt dort keine Nacht mehr. Und alle Völker werden ihre Herrlichkeit und Ehre in die Stadt bringen. Nichts Unreines wird hinein dürfen, auch niemand, der Götzendienst treibt und Lügen verbreitet, sondern nur die, deren Namen im Lebensbuch des Lammes geschrieben stehen. (Offenbarung 21,1-8 und 22-27)

NICHT AUFGEBEN. ES LOHNT SICH – LISA

Eine Ehe zu führen, die sich durch Demut auszeichnet und auf den Auftrag Jesu ausgerichtet ist, wird Hingabe und Opfer erfordern. Aber das heißt nicht, dass alles nur Arbeit und kein Vergnügen ist. Gottes Versprechen beinhalten einen Segen, der sich während unserer Zeit hier auf der Erde auswirkt, ebenso wie im Himmel.

> Macht euch nichts vor! Gott lässt keinen Spott mit sich treiben. Jeder Mensch wird ernten, was er gesät hat. Wer auf den Boden der menschlichen Selbstsucht sät, wird von ihr den Tod ernten. Wer auf den Boden von Gottes Geist sät, wird von ihm unvergängliches Leben ernten. (Galater 6,7-8; Gute Nachricht Bibel)

Wenn das der Fall ist, können wir davon ausgehen, dass wir, wenn wir in unserer Ehe auf den Boden von Gottes Geist säen, einen geistlichen Segen in unserer Ehe ernten werden. Haben Sie jemals in Ruhe darüber nachgedacht? Die Bibel sagt, die Frucht des Geistes ist Liebe, Freude, Frieden, Geduld, Freundlichkeit, Güte, Treue, Sanftmut und Selbstbeherrschung (Galater 5,22-23). Ich kenne kaum jemanden, der nicht all das haben will, wenn er sich diese Liste anschaut. Das sind Dinge, die Sie *erleben* werden, wenn Sie ein vom Geist Gottes erfülltes Leben führen.

Wie also säen wir in unserer Ehe „auf den Boden von Gottes Geist“? Als ich diesen Bibelvers las, wurde mir bewusst, dass das ein ziemlich aufregendes Prinzip ist. Wenn wir uns darauf freuen wollen, den geistlichen Ertrag zu ernten, müssen wir wissen, dass wir auch das Richtige säen.

Konkret heißt das, wir müssen mit dem Samen des Gebets anfangen. Wann haben Sie das letzte Mal gezielt und ernsthaft für Ihre Ehe gebetet? Wann gezielt und ernsthaft für Ihren Mann oder Ihre Frau? Ist Ihnen klar, dass nur sehr wenige Menschen treu für Ihre Ehe und Ihren Ehepartner beten werden? Ich will es nicht dramatisieren, aber das Gebet verändert alles! Das Gebet öffnet eine Kommunikationsverbindung mit dem Heiligen Geist. Um die Stimme des Herrn überhaupt hören zu können, müssen Sie sensibel für sein

Reden sein. Und es gibt keinen anderen Weg, um dieser Sensibilität Raum zu geben als durch das Gebet. Ja, wir müssen die Bibel lesen und kennen, aber wenn wir nicht im Gebet mit Gott sprechen, sind wir lahmgelegt. Jesus zog sich oft von der Menge zurück, um allein mit seinem Vater zu sprechen. Wer sind wir, dass wir meinen, wir könnten ohne das Gebet auskommen?

Ich möchte, dass Sie über das Leben der frömmsten Menschen nachdenken, die Sie kennen. Überlegen Sie, wodurch sie sich auszeichnen. Ich würde vermuten, dass man sie anhand der Aufzählung aus dem Galaterbrief beschreiben könnte. Sie sind voller Liebe, Freude, Frieden und Freundlichkeit. Stimmt's? Fragen Sie sie doch einmal, wie sie in den Genuss dieser geistlichen Segnungen gekommen sind. Ausnahmslos jede fromme und gottesfürchtige Person, die ich kenne, ist ein Mann oder eine Frau des Gebets, der Bibel und der Tat.

Eines der wunderbarsten Versprechen Gottes ist, dass er uns hören und erhören wird, wenn wir in Demut zu ihm rufen.

> Doch in meiner Not betete ich zum Herrn und schrie zu meinem Gott um Hilfe. Da erhörte er mich in seinem Heiligtum, mein Schreien drang durch bis an sein Ohr. (Psalm 18,7)

Gott verspricht uns nicht, dass wir immer die Antwort bekommen, die wir uns wünschen, aber er verspricht uns, dass er uns hören wird. Er wird Ihr Schreien hören und wenn Sie sich danach sehnen, für ihn zu leben, wird er Sie in die richtige Richtung führen.

Mitten in Paulus' Bild vom Ackerbau („auf den Boden von Gottes Geist säen“) taucht eine meiner Lieblingsverheißungen auf. Bauern brauchen so viel Geduld. Sie bereiten den Boden vor, sie bearbeiten das Feld, sie bringen den Samen aus, sie bewässern und kümmern sich um die Pflanzen, sie schützen sie vor äußeren Einflüssen und endlich ernten sie ihr Getreide und genießen die Früchte ihrer Arbeit.

> Wir wollen nicht müde werden zu tun, was gut und recht ist. Denn wenn die Zeit da ist, werden wir auch die Ernte einbringen; wir dürfen nur nicht aufgeben. (Galater 6,9; Gute Nachricht Bibel)

Ich weiß, dass einige von Ihnen müde sind. Ich weiß, dass viele von Ihnen jeden Tag darum ringen, Ihre Gedanken und Ihr Herz weiterhin auf die richtigen Dinge auszurichten, vor allem in einer schwierigen Ehe. Ich wette, es gibt Tage, da wollen Sie einfach nur aufgeben. An dieses Versprechen können Sie sich klammern. Sie werden eine Ernte einbringen, wenn Sie nicht aufgeben.

> Denn unsere jetzigen Sorgen und Schwierigkeiten sind nur gering und von kurzer Dauer, doch sie bewirken in uns eine unermesslich große Herrlichkeit, die ewig andauern wird! (2. Korinther 4,17)

Es gibt eine ewige und unermesslich große Herrlichkeit und das wollen Sie nicht aufgeben! Ewig. Herrlichkeit. Es lohnt sich, sich an diese Verheißung zu klammern! Lassen Sie sich nicht derart davon gefangen nehmen, wie Ihre Ehe ist oder auch nicht ist, dass Sie darüber vergessen, wie Ihr Leben für alle Ewigkeit sein wird und an welchen Verheißungen Sie sich Tausende von Jahren lang freuen werden! Sie dürfen nicht unterschätzen, wie viel Kraft vom Vorbild eines Gläubigen ausgeht, der sich nach Gottes Verheißungen richtet, selbst wenn sie sich erst erfüllen, wenn wir im Himmel sind.

Immer wieder komme ich zu derselben Erkenntnis: Es passiert sehr leicht, dass wir Dinge von unserer Ehe erwarten, die wir von Gott bekommen können – und die wir von Gott bekommen sollten. Er ist derjenige, der jedes Versprechen hält.

Manchmal erwarte ich ein bestimmtes Gefühl der Wertschätzung von meinem Mann. Ich möchte aufgemuntert und verehrt werden, ich möchte spüren, dass ich erwünscht bin. Das ist nicht unbedingt schlecht, aber ab und zu erinnert mich der Herr sanft: „Ich bin derjenige, der dir Wert verleiht. Ich bin derjenige, der deine Bedürfnisse vollkommen stillt. Komm zu mir, um dich aufmuntern zu lassen, und manchmal auch, um dich runterzubringen. Denn dann wirst du deinem Mann keine unnötigen Lasten aufbürden."

Wenn ich das Gefühl habe, dass zwischen mir und Francis etwas „nicht stimmt", habe ich gelernt, *zuerst* meine Beziehung zu Gott zu überprüfen. Viel zu viele Frauen erwarten, dass ihr Mann Bedürfnisse stillt, die er einfach nicht stillen kann, und andersherum geschieht das genauso. Viel zu viele Ehen sind durch unrealistische Erwartungen belastet, die auch nicht in Gottes Sinn sind. Gott verspricht, alle Ihre Bedürfnisse zu stillen (Philipper 4,19). Er verspricht, Sie nie zu verlassen (Hebräer 13,5), und er verspricht, dass niemand Sie aus seiner Hand reißen kann (Johannes 10,27-29). Wenn wir eine gesunde Ehe wollen, müssen wir zuerst Gottes Verheißungen glauben und auf ihn setzen, bevor wir auf unseren Ehepartner setzen.

Ich weiß noch genau, wie hart es mich traf, als mir das zum ersten Mal klar wurde. Francis und ich waren weggefahren, um unseren Hochzeitstag zu feiern, und beim Essen bat ich ihn, mir einen Punkt zu nennen, an dem ich mich als Ehefrau verbessern könnte (wir fragen uns das gegenseitig von Zeit zu Zeit). Er sagte mir, er habe das Gefühl, ich würde mich zu sehr von ihm abhängig machen und hätte zu viele Erwartungen. Er wollte, dass ich mich stärker von Gott abhängig machte und zuerst zu ihm ging.

Darauf war ich überhaupt nicht vorbereitet. Ehrlich gesagt dachte ich, ich würde meine Sache ganz gut machen, und diese Antwort haute mich ziemlich um. Ich hörte in mein Herz hinein und wollte mich verteidigen, aber Gott zeigte mir ganz klar, dass mein Mann recht hatte. Mir fiel auf, dass ich in meinem Bemühen, eine Frau zu sein, die sich ihrem Mann unterordnete und seiner Leitung folgte, in meiner eigenen Beziehung zu Gott bequem geworden war. Ich machte einen Bogen um die so unentbehrliche Zeit, die ich hätte zu den Füßen Jesu sitzen sollen, und ging mit allem direkt zu meinem Mann. Das war nicht nur anstrengend für ihn, sondern es lähmte meine Beziehung zu Gott.

Vieles von dem, was wir in unserem geistlichen Leben brauchen, wird durch ein „Ringen" mit Gott im Gebet gewonnen, durch das „Warten auf den Herrn" und den Lernprozess, seine Stimme zu erkennen. Ich sage Frauen oft, dass wir unsere Gebete, Kämpfe und Herzenswünsche *zuerst* zum Herrn bringen müssen. Es mag gut sein, dass Gott unseren Mann gebraucht, um viele unserer Bedürfnisse zu stillen, aber Gott ist die eigentliche Quelle all dessen, was wir brauchen. Es geht nicht darum, unsere Bedürfnisse und Schwierigkeiten vor unserem Mann zu verbergen, sondern schlicht um die Frage, an wen wir uns zuerst wenden. Unser Mann wird ein gewaltiger Versager sein, wenn wir von ihm erwarten, dass er Gott ist. Aber wenn wir von Gott erwarten, dass er Gott ist, dann kann unser Mann ein überragender Ehemann sein.

Es könnte sein, dass viel Kummer in Ihrer Ehe auf die mangelnde geistliche Verbindung zwischen Ihnen und Christus zurückzuführen ist. Es könnte sein, dass Sie in Ihrer Beziehung so „bedürftig" sind, weil Sie Ihre geistlichen Bedürfnisse vernachlässigt haben. Es wird Zeit, Ihre Beziehung zu Gott wieder zu stärken!

Als Frau höre ich heutzutage viel darüber, dass man eine „starke" Frau sein soll. Was bedeutet das? Wie sieht eine starke Frau aus?

Kürzlich waren mein Mann und ich in Äthiopien und es machte mich sprachlos, wie die Frauen dort leben. Offen gesagt war es erdrückend sich vorzustellen, so hart – körperlich hart – zu arbeiten wie sie und so wenig Fortschritt dabei zu sehen. Wie wäre es, ohne fließendes Wasser im Haus zu leben? Wer würde jeden Tag zwei bis drei Kilometer marschieren, um unseren Plastikkrug mit so viel Wasser zu füllen, dass es für die grundlegenden Bedürfnisse reichte? Was würde ich auf dem kleinen Feuer kochen, das *im Inneren* meiner sehr kleinen Hütte brannte? Würde es mir auffallen, dass ich genau dasselbe dreckige Oberteil und genau denselben dreckigen Rock schon seit Tagen trug? Wenn es meinen Kindern in der Nacht kalt wäre, wie könnte ich ihnen dann helfen, ohne die Möglichkeit zu haben, eine Heizung anzuwerfen und einfach wieder einzuschlafen?

Aber diese Frauen leben jeden einzelnen Tag in dieser Realität. Und sie schafften es, mich anzulächeln. Sie sind stark. Ich werde nie vergessen, wie ich Augenkontakt mit einigen dieser Frauen aufnahm, als sie mit ihren Kleinen dasaßen und abwarteten, ob sie in das Ernährungsprogramm aufgenommen werden würden. Ich hatte das Gefühl, als verständigten wir uns wortlos: „Wir sind beide Mütter, wir beide wollen uns um unsere Kinder kümmern." Ich versuchte mit meinem Blick zu sagen: „Du bist *geliebt* – von mir, ja, aber vor allem von Gott."

Eines Tages, als wir aus einem dieser Dörfer zurückfuhren, sah ich einen unglaublich schönen Baum auf einem Hügel stehen. Er hatte einen dicken, kräftigen Stamm und seine prachtvollen Äste waren dicht belaubt, in einem wunderschönen Grünton. Ich hatte das Gefühl, dass der Herr sagte: „So sieht eine starke Frau aus." Eine starke Frau hat geduldig gewartet, während ihre Wurzeln tief in Gottes Wort hineingewachsen sind. Mit der Zeit wird ihr Glauben unerschütterlich. Sie fängt ganz selbstverständlich an Frucht zu tragen und sie ist voller Leben. Andere Menschen fühlen sich zu ihrer Stärke und ihrer Größe hingezogen und viele finden Ruhe und Frieden, wenn sie sich an sie anlehnen. Und wenn Stürme und Anfechtungen kommen, so wie es immer geschieht, werden sie sie nicht umwerfen können. Ein paar Äste gehen vielleicht verloren oder werden abgeschnitten, aber an ihrer Stelle entsteht neues Wachstum, neues Leben.

So möchte ich gern sein! Eine starke Frau, die in Gottes Verheißungen verankert ist.

Aber es beginnt damit, dass man tiefe Wurzeln in Gottes Wort schlägt. Es wird nicht dadurch geschehen, dass man für sich selbst eintritt, Aufmerksamkeit fordert und für sich selbst kämpft. Es wird geschehen, wenn man fest *in Christus* bleibt, die eigene Aufmerksamkeit auf *ihn* richtet und für *seine* Ehre kämpft.

Wenn wir diesen Kurs einschlagen, nimmt Gott seinen rechtmäßigen Platz in unserem Leben ein – das ist das Schöne. In der Bibel heißt es, „die Freude am Herrn gibt euch *Kraft*" (Nehemia 8,10; Hoffnung für alle). Freude wird auch als eine Frucht des Geistes im Galaterbrief genannt. Sie werden niemals wahre, bleibende Freude bei irgend*jemandem* oder bei irgend*etwas* finden. Die Ehe ist nicht die Quelle der Freude, obwohl viele von uns das glauben. Freude ist etwas, das wir in unsere Ehe hineintragen, weil wir in unserem Leben mit Gott von Freude erfüllt worden sind und weil wir auf seine Verheißungen vertrauen.

Es wird Zeit, nicht länger von Ihrer Ehe und Ihrem Ehepartner die Dinge zu erwarten, die Gott uns versprochen hat. Wahre Stärke, wahre Freude, wahre Erfüllung – all das ist uns von Gott verheißen und all das kann nur von ihm kommen.

FAZIT: DIE BLICKRICHTUNG ZÄHLT

Petrus sagt, dass ein Mensch so kurzsichtig werden kann, „dass er wie ein Blinder im Dunkeln umhertappt" (2. Petrus 1,9; Neue Genfer Übersetzung). Es kann uns passieren, dass wir den Blick so sehr auf die vergänglichen Dinge gerichtet halten, dass wir blind werden für das, was tatsächlich zählt. Es ist verrückt, wie ein platter Reifen dafür sorgen kann, dass wir alles vergessen – das zukünftige Erbe, die ewige Sicherheit und die Gnade, die Gott für alle Ewigkeit über uns ausgießen wird. Wegen einer Sache, die so schnell vorübergeht, verlieren wir schnell die Freude über unsere Rettung und zukünftige Herrlichkeit. Wir konzentrieren uns völlig auf das Hier und Jetzt. Es ist nicht so, dass wir offensichtlichen Problemen vor unseren Augen keine Beachtung schenken sollen, aber wir müssen sie durch die Linse der Ewigkeit anschauen. Und wir dürfen nicht zulassen, dass uns irgendetwas unsere Freude raubt.

Es kann jeden Moment geschehen, dass Sie in ein neues Dasein hineingenommen werden. Sie werden sich überhaupt keine Gedanken mehr um einige der Dinge machen, von denen Sie sich jetzt komplett in Beschlag nehmen lassen. Wir sollten die Haltung des klugen Verwalters haben, der in Lukas 16 erwähnt wird. Er wusste, dass er nur noch für begrenzte Zeit in seiner gegenwärtigen Position bleiben würde, darum sorgte er weise für seine Zukunft vor. Ich bete dafür, dass Gottes Verheißungen für die Zukunft unsere Ehe in der Gegenwart prägen.

ZUR TAT SCHREITEN

Vielleicht kommt es Ihnen vor wie ein Ding der Unmöglichkeit, über Gottes Verheißungen für die Zukunft zu sprechen und dann zu sagen: „Tun Sie jetzt etwas!" Aber genau so ist es gedacht. Gott erzählt uns von der Zukunft, damit wir wissen, wie wir uns jetzt verhalten sollen (siehe 2. Petrus 3,11). Lassen Sie sich in Ihren Gedanken von den folgenden Vorschlägen leiten, doch bleiben Sie nicht dabei stehen. Ihr ganzes Eheleben lang sollten Sie über Gottes Versprechen für die Zukunft nachdenken und die Beziehung mit Ihrem Ehepartner entsprechend gestalten.

SINNEN SIE ÜBER DEN HIMMEL NACH.

- *Verbringen Sie einige Zeit damit, tatsächlich über die Wirklichkeit des Himmels nachzudenken. Um Ihre Gedanken zu lenken, ermutige ich Sie, Offenbarung 21–22 durchzulesen. Aber lesen Sie langsam. Lassen Sie die Bilder auf sich wirken. Stellen Sie sich vor, Sie wären an Johannes' Stelle, als er zusah, wie sich diese Vision von den letzten Dingen entfaltete.*

- *Jetzt stellen Sie sich vor, wie es sein wird. Wie wird es sich anfühlen? Welche Probleme werden in dieser Wirklichkeit verschwinden? Warum sehnen wir uns so sehr danach? Versetzen Sie sich in Gedanken so intensiv wie möglich an diesen Ort, der weder Sonne noch Mond hat, weil er ganz vom Angesicht Gottes erleuchtet wird. Erlauben Sie dieser Art der Meditation, Ihre Seele zu heilen und Ihrer Hoffnung Nahrung zu geben.*

- *Überlegen Sie schließlich, wie diese Vision vom Ende Ihre Gegenwart im Allgemeinen und Ihre Ehe im Besonderen prägen sollte. Notieren Sie sich ein paar Gedanken, wie Gottes Verheißung über das Ende der Welt Ihre Ehe formen kann und soll. Vergleichen Sie Ihre Gedanken mit denen Ihres Ehepartners und unterhalten Sie sich ehrlich darüber, wie diese Vision für Ihre Ehe tatsächlich wesentlich werden kann.*

WIE STEHT ES UM IHRE HOFFNUNG?

- *Hoffnung ist ein biblisches Prinzip, aber selbst bei Christen ist die Hoffnung oft fehlgeleitet. Prüfen Sie, worauf Sie wirklich hoffen. Seien Sie schonungslos ehrlich.*

  1. *In welcher Hinsicht setzen Sie Ihre Hoffnung auf Ihren Ehepartner?*

  2. *Von wem erwarten Sie Erfüllung, Freude, die Stillung Ihrer Bedürfnisse usw.?*

  3. *In welchen Bereichen gelingt es Ihnen gut, Ihre Hoffnung allein auf Gott zu setzen?*

4. *In welchen Bereichen haben Sie in dieser Hinsicht noch Schwierigkeiten?*

- *Nachdem Sie sich ehrlich eingeschätzt haben, reden Sie mit Ihrem Ehepartner über Ihre Schlussfolgerungen. Finden Sie heraus, ob er oder sie das genauso sieht oder einige Punkte hinzuzufügen oder zu streichen hat. Das ist ein verwundbarer und empfindlicher Bereich, also achten Sie darauf, zartfühlend, liebevoll und ehrlich zu sein. Jedes ehrliche Gespräch über die eigenen Schwächen und die des anderen dient dem Ziel, Christus ähnlicher zu werden.*

- *Tauschen Sie sich darüber aus, wie Sie Ihre Hoffnung ganz praktisch stärker auf Christus ausrichten und wie Sie sich dabei gegenseitig helfen können.*

- *Verpflichten Sie sich, hinsichtlich der Dinge, die Sie jetzt besprochen haben, füreinander zu beten.*

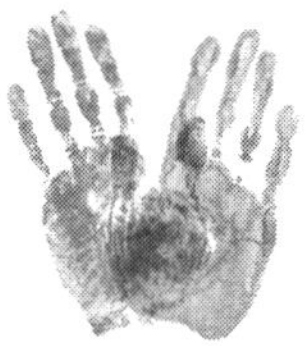

Was ist wirklich das Beste für die Kinder?

ERZIEHUNG, DIE GOTT EHRT

„Fünf Kinder?“

„Sie Armer!“

„Sie wissen schon, dass es Mittel und Wege gibt, um das zu verhindern?“

Solche Aussagen höre ich ständig. Ich höre es gleichermaßen von Ungläubigen wie von Gläubigen. Die landläufige Überzeugung ist, dass ein oder zwei Kinder ein Segen sein können, aber wenn man mehr hat, dann stimmt etwas nicht mit einem. Für mich ist es ausgesprochen seltsam so zu denken, denn ich bin so verrückt nach meinen Kindern. Es klingt vielleicht kitschig, aber ich kann ehrlich sagen, dass ich mit am meisten damit zu kämpfen habe, meine Kinder nicht zu sehr zu lieben! Wenn ich nicht aufpasse, kann meine Liebe und Zuwendung vor allem an die Adresse meiner Kinder gehen und nicht an Christus. Manche Menschen ringen darum, ihre Kinder nicht zu vernachlässigen; sie betrachten sie als Last. Andere, wie ich, haben Mühe, die Beziehung zu ihren Kindern nicht zu sehr zum Schwerpunkt zu machen.

Die Wahrheit ist, dass Gott die Familie erschaffen hat, und er will, dass wir uns zu seiner Ehre über unsere Familie freuen. Es gibt einen Weg, unsere Kinder zu lieben und sie gleichzeitig in einen Lebensstil der Anbetung und der Mission zu führen. Und das wird uns und unseren Kindern letzten Endes die größte Erfüllung bringen. Jetzt und in alle Ewigkeit.

So denkt Gott über Kinder:

> Kinder sind ein Geschenk des Herrn, sie sind ein Lohn aus seiner Hand. Kinder, die einem jungen Mann geboren werden, sind wie scharfe Pfeile in der Hand eines Kriegers. Glücklich ist der Mann, dessen Köcher voll ist! Sie werden nicht zugrunde gehen, wenn sie sich an den Toren der Stadt ihren Feinden stellen. (Psalm 127,3-5)

Ein Stürmer lobt den Rest seiner Mannschaft, weil sie seinen Erfolg ermöglicht hat. Genauso sollten Kinder der Anlass sein einen Menschen zu loben. Gott sagt, dass ein Mann „glücklich ist", wegen der vielen Kinder, die hinter ihm stehen. Warum werden Kinder so oft als Hemmnis betrachtet, als hinderlich für das, was man eigentlich tun will?

Seit Anbeginn der Zeit haben Menschen neidisch auf große Familien geblickt. Sie schauten sie an und dachten: „Ihr habt solches Glück." Im Lauf der letzten zwanzig Jahre hat sich in Amerika die Einstellung verändert zu: „Ich möchte auf keinen Fall mit euch tauschen."

Es gibt eine Vielzahl von Gründen für diese neue Einstellung (wie die finanzielle Belastung, die zusätzliche Verantwortung oder der Verlust von Freiheit), aber ich glaube, dass eine schlechte Erziehung der Hauptgrund für diese negative Sichtweise gegenüber Kindern sein könnte. Eine Schar respektloser Kinder ist wie ein Köcher voller krummer Pfeile, die sich am Ende vielleicht gegen einen wenden!

ZUM SEGEN ERZIEHEN, NICHT ZUR LAST

Was zeichnet großartige Eltern aus? Sind es Eltern, die alles für ihr Kind tun würden? Oder Eltern, die das Kind zur Selbstständigkeit erziehen? Wenn ein Kind seinen Schuh nicht binden kann, haben die Eltern versagt. Oder? Wenn das Kind es nicht schafft, sein Steak selbst zu schneiden, können wir dann etwa von einer erfolgreichen Erziehung sprechen? Aber warum sollten wir an diesem Punkt haltmachen? Sollten wir nicht erwarten können, dass unsere erwachsenen Söhne und Töchter sich selbst um ihre Wäsche kümmern, das Haus sauber halten und eines Tages einer Arbeit nachgehen und Geld verdienen?

Was bringt Eltern dazu, ständig alles für ihre Kinder zu tun? Haben sie das Bedürfnis, gebraucht zu werden? Das Bedürfnis, Zuneigung, Dank und Lob zu bekommen? Das Bedürfnis, mit den eigenen Kindern „befreundet" zu sein? Oder vielleicht ist es manchmal nur am einfachsten, die Dinge selbst zu erledigen. In Wirklichkeit erweisen wir unseren Kindern aber einen Bärendienst, wenn wir sie ständig bedienen und ihnen erlauben, faul zu sein. Auf diese Weise werden

Kinder schließlich zur Last. Deshalb betrachten die Menschen Kinder nicht als Segen. Und deshalb sind sie nicht wie „Pfeile in einem Köcher". Wir schärfen sie nicht und machen keinen Gebrauch von ihnen. Sie sind lediglich wie Stöcke, die wir mitschleppen. Sie haben keine Aufgabe, wir setzen sie niemals für irgendetwas ein – wir tragen sie einfach nur herum.

Es ist jedoch verblüffend, wie viel unsere Kinder zuwege bringen können, wenn sie es müssen, wenn sie einen Auftrag haben, wenn sie für etwas verantwortlich sind.

Ganz ähnlich ist es mit dem, was wir in der Gemeinde tun. Leiter setzen Menschen alles vor, anstatt ihnen beizubringen, selbst für alles zu sorgen. Dadurch werden sie sehr unselbstständig. Und wenn sie sich dann selbst überlassen sind, versagen sie. Sie stellen eine Belastung für uns dar, weil wir nicht von ihnen erwarten, dass sie ihre eigene Last tragen und noch dabei helfen, die Lasten anderer mitzutragen. Pastoren großer Gemeinden tragen große Belastungen. Statt zu einem Segen werden die Menschen zu einer Belastung. Aber das ist Stoff für ein anderes Buch.

Meine Kinder gehören zu meinen besten Freunden. Ich glaube, das ist eine gute Sache. Aber wir müssen aufpassen, dass wir uns nicht zu sehr um die Freundschaft bemühen und dabei vergessen, dass wir die Eltern sind. Sie brauchen nicht einfach nur weitere Freunde. Sie brauchen eine Autoritätsperson, ein Vorbild, etwas, das ihnen ihre Kameraden nicht anbieten können. Gott hat Sie in das Leben Ihres Kindes gestellt, und zwar so, dass Sie seine liebevolle Autorität verkörpern. Er hat Ihnen die Verantwortung übertragen, Ihre Kinder zu erziehen, ihnen beizubringen, wie man dient, und sie auf die Zukunft vorzubereiten.

ERZIEHUNG UND DIE HERRLICHKEIT GOTTES

Lisa und ich wollen Kinder erziehen, die Jesus weit mehr lieben als uns. Wir wollen, dass sie ihm mehr vertrauen als uns, dass sie sich mehr an ihm freuen als an uns, dass sie mehr Geborgenheit bei ihm finden als bei uns. Und wir sind überzeugt, dass die beste Art, ihnen das beizubringen, das eigene Beispiel ist. Wir müssen unseren Kindern deutlich machen, dass wir Gott mehr lieben als sie.

Kinder nehmen viel mehr wahr, als viele Eltern denken. Sie merken es, wenn unsere Worte nur leere Worte sind. Wir können den ganzen Tag davon sprechen, dass wir Jesus mehr lieben als sie, aber sie sehen, in was wir unsere Zeit und Mittel investieren. Sie sind nicht blind für unsere Zuneigung, noch für unseren Mangel an Gebet und Anbetung. Kinder wissen, wann man ihnen etwas vormacht.

Vielleicht denken Sie jahrelang, Sie hätten Ihre Kinder getäuscht. Aber es ist nur eine Frage der Zeit, bis sie alt genug sind, um nachzudenken. Kennen Sie schließlich nicht auch die Wahrheit über Ihre Eltern? Waren Sie als junger Erwachsener nicht auch in der Lage, auf die Beziehung Ihrer Eltern zurückzublicken und die Wahrheit zu erkennen? Sie wussten, ob ihre Liebe zueinander wirklich tief oder nur vorgespielt war. Sie wissen heute, ob ihr Glaube eine religiöse Pflicht oder eine Quelle des Lebens war. Sie wissen, ob Ihre Eltern Sie mehr liebten als Jesus.

Ich spreche mit vielen jungen Erwachsenen. Etwas Neues geschieht in den christlichen Gemeinden in Amerika. Junge Menschen, die den Wert von Jesus erkennen, kämpfen mit ihrem Zorn über Eltern, die ein halbherziges Leben geführt haben. Eltern, die ihre Kinder vergöttert und Lob dafür erwartet haben, erleben, dass sie das Gegenteil davon bekommen. Diese jungen Erwachsenen lieben Jesus trotz des schlechten Vorbilds ihrer Eltern und manche versuchen sogar, ihre Eltern respektvoll zurechtzuweisen. Das Schönste ist, dass einige Eltern sogar umgekehrt sind, nachdem sie das Beispiel ihrer Kinder sahen!

Es gibt einige inspirierende Erfolgsgeschichten, aber die Norm ist das definitiv nicht. Statistiken zeigen: Die bei Weitem überwiegende Zahl der Kinder aus diesen netten, bequemen Kirchgängerfamilien, in denen die Familie vergöttert wird, wendet sich mit dem Erreichen der Volljährigkeit von der Gemeinde ab und kehrt niemals zurück. In vielen dieser Fälle lieben die Kinder ihre Eltern, aber nicht Jesus.

Hier ist eine Frage, die sich jedes Elternteil stellen sollte: Was wird mir mehr Kummer bereiten? Wenn meine Kinder mich am Ende nicht mehr lieben? Oder wenn sie Jesus am Ende nicht mehr lieben? Denken Sie einmal ernsthaft über diese Frage nach.

Das Schöne ist, wenn Ihre Kinder Jesus aufrichtig lieben, dann werden sie auch Sie aufrichtig lieben. Das kann ich Ihnen garantieren. Ich habe bisher noch niemanden gefunden, der Jesus liebt und nicht zutiefst dankbar für Eltern wäre, die ihren Glauben wirklich gelebt haben. Doch nicht nur das: Wer Jesus liebt, hält außerdem seine Gebote (Johannes 14,15), und Jesus gebietet uns, die Menschen um uns herum von ganzem Herzen zu lieben (Markus 12,28-31; 1. Johannes 4,19-21).

Wir sollen durch unser gottgefälliges Leben ein Vorbild sein. Zusätzlich aber fordert Gott uns dazu auf, unsere Kinder selbst im Glauben zu unterweisen. Leider entziehen sich die meisten Eltern dieser Verantwortung und gehen davon aus, dass die Kindergottesdienstmitarbeiter und die Leiter der Jugendgruppe schon dafür sorgen werden. Es ist natürlich wunderbar, zusätzliche Unterstützung zu erhalten, aber das ändert nichts an der Tatsache, dass Gott von den Eltern verlangt, ihre Kinder die Liebe zu Gott und zu seinen Geboten zu lehren (5. Mose 6,4-8).

Lisa und ich werden ganz praktisch, wenn wir unseren Kindern die Herrlichkeit Gottes vermitteln wollen. Wir benutzen ständig Bibelverse, um sie an Gottes Heiligkeit zu erinnern. Wir können unseren Kindern nicht einfach sagen, dass sie an Gott glauben sollen, wir müssen ihnen erklären, wie er ist. Versuchen Sie das einmal mit Ihren Kindern. Beschreiben Sie ihnen Gottes Herrlichkeit. Nehmen Sie einen Abschnitt wie 1. Timotheus 6,15-16 und gehen Sie ihn Schritt für Schritt mit Ihren Kindern durch:

> Denn zur richtigen Zeit wird Christus vom Himmel her offenbart werden durch den gnädigen und allein allmächtigen Gott, den König der Könige und Herrn der Herren. Nur er allein wird nie sterben, und er wohnt in einem Licht, zu dem niemand kommen kann. Niemand hat ihn je gesehen oder kann ihn sehen. Ihm sei Ehre und Macht in alle Ewigkeit! Amen.

Erklären Sie ihnen, dass Gott der „allein allmächtige Gott“ ist – dass er der Einzige ist, der die Macht über alles hat. Sie müssen von klein auf wissen, dass Mama und Papa das Leben nicht kontrollieren können und sie auch nicht. Alles liegt in Gottes Hand.

Vergewissern Sie sich, dass sie verstehen, was es heißt, der „König der Könige“ zu sein. Alle Autorität gehört Gott. Darum müssen sie ihn mehr achten als Mama und Papa. Zeigen Sie ihnen, dass Mama und Papa sich zuallererst Jesus unterordnen – dass Sie etwas sofort und selbstverständlich tun, wenn Jesus Sie dazu auffordert. Erklären Sie das Ihren Kindern. Und zeigen Sie ihnen, wie das aussieht.

Vermitteln Sie ihnen, dass jeder ihrer Atemzüge ein Geschenk Gottes ist, weil „nur er allein nie sterben wird". Jede Pflanze, jedes Tier und jeder Mensch leiht sich Leben von ihm. Darum versuchen wir jeden Tag das Beste aus dem Leben zu machen, das er uns gab.

Je früher sie anfangen, Gottes Herrlichkeit zu begreifen, desto besser. Sie müssen wissen, dass er „in einem Licht wohnt, zu dem niemand kommen kann". Er ist nicht wie wir. Wir können ihn nicht einmal ansehen. Sie müssen wissen, dass zwischen Gott und ihnen ein himmelweiter Unterschied besteht.

Weil Gott Hoheit, Autorität, Macht und Heiligkeit besitzt, leben wir unser Leben zu seiner Ehre und nicht zu unserer eigenen. Wir richten unser Leben nach seiner „Ehre und Macht" aus. Wir müssen unseren Kindern beibringen und zeigen, dass sich die Welt nicht um sie dreht – sie dreht sich um Jesus. Wir leben für ihn.

Beinahe jedes Kind durchläuft die „ichbezogene" Phase, in der es glaubt der Mittelpunkt der Welt zu sein. Wenn es weint, beobachtet es, wie die Erwachsenen sich in Bewegung setzen, um ein Fläschchen oder eine Decke zu holen, oder wie sie herbeieilen, um es in den Armen zu schaukeln. Das Kind steht im Mittelpunkt der Aufmerksamkeit, sobald es einen Raum betritt.

Das ist ziemlich normal für kleine Kinder. Und sie brauchen tatsächlich besondere Aufmerksamkeit. Zum Problem wird das nur, wenn es im Alter von vier oder fünf oder zehn oder 16 oder 30 Jahren immer noch normal ist. Leider denken manche Menschen am Ende ihres Lebens immer noch, dass sich die Welt um sie dreht (oder es tun sollte). Eine gute Erziehung kann diese Haltung in jungen Jahren korrigieren.

Achten Sie darauf, dass das Gebet nicht zur Nebensache wird. Auch nicht bei den Mahlzeiten. Wenn es Zeit zu beten ist, achten Lisa und ich streng darauf, dass alle elektronischen Geräte abgestellt werden, und wir lassen die Kinder nicht herumrennen. Wir nutzen diese Zeiten, um die Familie daran zu erinnern, dass wir einen heiligen Gott anbeten, der unseren Respekt verdient. Er ist der Mittelpunkt der Aufmerksamkeit und wir richten uns auf seine Majestät aus. Wir führen nicht nur ein Ritual durch oder setzen eine Tradition fort. Wir danken einem Gott, der in einem Licht wohnt, zu dem niemand kommen kann. In unserem Haus ist das Gebet heilig, weil Gott heilig ist. Niemand darf in unserem Haus Gott gegenüber respektlos sein. Unsere Kinder wissen, dass sie Mama und Papa nicht stören dürfen, wenn sie mit Gott reden, weil er wichtiger ist als sie.

Wir versuchen zwar, den ganzen Tag hindurch über Gott zu reden, aber wir haben festgestellt, dass die Schlafenszeit wahrscheinlich die beste Zeit für Gespräche ist. Unsere Kinder wollen immer lieber reden als ins Bett gehen, also ziehen wir einen Vorteil daraus. Wir hören zu, was sie vom Tag erzählen, und nutzen jede Gelegenheit, um sie daran zu erinnern, dass Gott bei allem, was sie tun, im Mittelpunkt stehen soll. Wir erzählen ihnen von Situationen im Tagesverlauf, in denen wir „keine Lust“ hatten, Gott zu gehorchen und es trotzdem taten. Wir möchten ihnen immer helfen zu sehen, dass auch wir mit Selbstsucht zu kämpfen haben und dass jeder von uns darum ringen muss, zu Gottes Ehre und nicht zu seiner eigenen zu leben.

Wenn die Gelegenheit da ist, zeigen wir unseren Kindern, wie wichtig es ist, dass sie ihre Lehrer und alle Autoritätspersonen achten, weil Gott sie dorthin gestellt hat (Römer 13). Das ist entscheidend, denn der mangelnde Respekt vor Autorität ist eine Form des Hochmuts, die sich sehr schnell zu einem mangelnden Respekt vor Gott ausweitet.

> Ihr Kinder sollt euren Eltern gehorchen, weil ihr dem Herrn gehört, denn so handelt ihr richtig. „Ihr sollt Vater und Mutter ehren." Das ist das erste der Gebote, an das eine Zusage Gottes geknüpft ist: Wenn du deinen Vater und deine Mutter ehrst, „wird es dir gut gehen und du wirst ein langes Leben haben". Und ihr Väter, seid nicht ungerecht gegen eure Kinder. Erzieht sie vielmehr mit Disziplin und zeigt ihnen den richtigen Weg, so wie es Christus entspricht. (Epheser 6,1-4)

Laut diesem Text gibt es tiefe theologische Gründe dafür, Kinder zum Respekt vor Autorität zu erziehen. Kinder, die ihre Eltern nicht achten, missachten Gott. Sie befolgen seine Gebote nicht und beginnen einem Muster der Auflehnung zu folgen.

Ich habe keinem meiner Kinder jemals erlaubt, respektlos mit Lisa oder mir zu reden. Wir üben Autorität aus, damit sie ein Bild davon haben. Das hat nichts mit der Ausübung von Macht zu tun. Als Vater ist es meine Aufgabe, durch die Art, wie ich mich verhalte, ein Bild von Gott zu zeichnen. Wir dienen keinem schwachen Gott, der Respektlosigkeit duldet, darum weigere ich mich, ein schwacher Vater zu sein, der seinen Kindern erlaubt zu widersprechen. Kinder, die von klein auf in der Familie das Sagen haben, werden bald an Gottes Recht zweifeln, ihnen Dinge zu gebieten, die ihren eigenen Gedanken oder ihren Gefühlen widersprechen. Es gibt keine Garantie dafür, dass die Kinder später einmal Gott ehren, die in einer Familie mit einer vorbildlichen und liebevollen Führung aufgewachsen sind. Aber zumindest wissen sie, wie es aussehen würde.

ERZIEHUNG UND DAS EVANGELIUM

Die Wahrheit des Evangeliums hat eine gewaltige Auswirkung auf die Erziehung. Als Gläubige wissen wir, dass unsere Gerechtigkeit von Gott kommt und dass wir nur durch den Heiligen Geist in der Lage sind, ein gottgefälliges Leben zu führen. Als Eltern vergessen wir manchmal, dass das auch auf unsere Kinder zutrifft. Gott ist unsere einzige Hoffnung. Gott ist ihre einzige Hoffnung. Wenn der Heilige Geist nicht in ihnen ist, dann wird unsere ganze Erziehung nicht mehr bewirken als eine Anpassung ihres Verhaltens. Ohne den Geist werden sich unsere Kinder zwangsläufig auflehnen. Aber der Geist Gottes verändert alles. Wenn er in unseren Kindern wirkt, dann dürfen wir ihm vertrauen, dass er auf eine Weise und zu einem Zeitpunkt wirkt, wie er es für richtig hält.

Vor einigen Jahren machte unsere älteste Tochter eine schwere Krise durch. Für mich war es offensichtlich, dass ihr Glaube aus kaum mehr bestand als aus der Wiedergabe christlicher Aussagen, die sie ihr ganzes Leben lang gehört hatte. Ich sah keine Frucht des Geistes und Sünde war die Regel in ihrem Leben. Es war nicht so, dass sie nicht auch ein paar gute Dinge tat, aber es ist ein großer Unterschied, ob man ein paar gute Taten vollbringt oder ob der Heilige Geist übernatürlich am Werk ist.

Um ehrlich zu sein, war es eine traurige Zeit, in der wir viel weinten. Einmal fragte Lisa mich: „Glaubst du, wir haben als Eltern versagt?“ Ich antwortete ihr, dass ich das nicht glaubte. Wir hatten ihr das Beispiel zweier Menschen gegeben, die Jesus, die Familie und andere liebten. Sie hatte miterlebt, wie der Heilige Geist in uns und durch uns wirktc. Ich weiß, dass unsere Ehe und wir als Eltern nie perfekt waren, aber ich glaubte, wir hatten ihr eine Ehe und Familie vorgelebt, die auf Gott ausgerichtet war.

Die Errettung meiner Kinder ist das Gebetsanliegen, das mir am meisten am Herzen liegt. In dieser Zeit wurde uns klar, dass wir nichts für unsere Tochter tun konnten. Also beteten wir. Sehr viel. Nur Gott konnte ihr die Augen öffnen, ihr Glauben schenken und sie dazu bringen, ihn zu lieben. Wir wussten, wir könnten ihr engere Grenzen setzen, aber das würde ihr Verhalten nur kurzzeitig verändern. Es würde keine Veränderung in ihrem Inneren schaffen. Gott zeigte uns deutlich, dass der Heilige Geist unsere einzige Hoffnung war. Ohne ihn konnten wir bestenfalls Mittel und Wege finden, um sie davon abzuhalten, den Wünschen in ihrem Herzen nachzugeben. Doch nach allem, was ich in der Schrift las, würde sie ein neuer Mensch werden, wenn der Heilige Geist bei ihr einkehrte. Ihr Wesen würde sich verändern und die Sünde würde nicht länger über sie bestimmen, sondern Gerechtigkeit.

Und dann geschah es. Ich werde den Tag nie vergessen, an dem sie mir sagte, dass der Heilige Geist bei ihr eingekehrt war. Wir waren aufgeregt, aber auch ein bisschen skeptisch. Wir sahen sofort eine Veränderung in ihrem Leben, aber wir fragten uns, ob das von Dauer wäre. Nach ein paar Wochen und dann Monaten war es offensichtlich, dass sich tatsächlich alles veränderte. Seitdem sind Jahre vergangen und ich danke Gott immer noch für seine Gnade in ihrem Leben. Sie ist eine neue Schöpfung. Sie ist nicht vollkommen, aber sie ist auf dem Weg dorthin. Jetzt denken wir nicht mehr daran, sie in ihrem Zimmer einsperren zu wollen, damit sie ihre Sünde nicht in die Tat umsetzt, sondern wir lassen sie gern los, damit sie ein Licht für die Welt ist. Das ist das Wirken des Heiligen Geistes.

Dass wir den Heiligen Geist im Leben unserer Kinder sehen, hat Lisa und mich dazu gebracht, sie loszulassen. Wenn wir das Wirken des Geistes sehen, nehmen wir langsam unsere Leitung zurück und bringen ihnen bei, der Leitung des Heiligen Geistes zu folgen. Johannes der Täufer sagte über Jesus: „Er muss immer größer werden und ich immer geringer" (Johannes 3,30). Mit dieser Einstellung sollten wir an die Erziehung gehen. Das Ziel ist es, für unsere Kinder einen Übergang zu schaffen zwischen der völligen Abhängigkeit von uns zur völligen Abhängigkeit von Gott. Unsere Aufgabe ist es, ihnen beizubringen, wie sie ihrem wahren Vater, ihrem wahren Meister folgen sollen. Dann lassen wir sie los, denn wir haben sie ihrem rechtmäßigen Besitzer zurückgegeben. Wenn wir unsere Kinder der Fürsorge Gottes anvertrauen, ist das ein Zeichen für unser Vertrauen zu Gott; wenn wir ständig die Kontrolle über sie behalten wollen, ist das ein Zeichen für das Gegenteil.

Das bedeutet nicht, dass wir dann keine wichtige Rolle mehr in ihrem Leben spielen. Es bedeutet nur, dass wir unsere Rolle so verstehen, dass wir sie immer wieder zu Gott und zur Wahrheit des Evangeliums zurückführen. Wir müssen unsere Kinder ständig an die Kraft erinnern, die sie in Christus besitzen, genauso wie Paulus Timotheus daran erinnert hat (2. Timotheus 1,6-7). Als Gläubige sollten wir uns immer „gegenseitig zu Liebe und zu guten Taten anspornen" (Hebräer 10,24). Diese Verantwortung haben wir zeitlebens gegenüber allen Gläubigen, unsere Kinder eingeschlossen.

Oder um es einfach zu sagen: Wir wollen immer ein Segen sein und keine Notwendigkeit. Gott ist das Einzige, was unsere Kinder wirklich *brauchen*, aber wir beten, dass er uns im Leben unserer Kinder immer ein Segen sein lässt.

Während ich dies schreibe, ist mir bewusst, dass viele Menschen Kinder haben, die Jesus nicht nachfolgen. Vielleicht trifft das auf Sie zu. Sie haben die Frucht des Geistes in Ihren Kindern nicht gesehen und es bricht Ihnen das Herz. Sie wissen nicht, wo Sie anfangen sollen, weil Ihre Kinder das Evangelium abgelehnt haben. Oder vielleicht würden sie nie sagen, dass sie Jesus ablehnen, aber sie zeigen es durch ihre Taten. Zuerst möchte ich Ihnen sagen, dass mir das leidtut. Lisa und ich können uns keinen tieferen Schmerz vorstellen. Um ganz ehrlich zu sein, habe ich noch keine passenden Worte gefunden, mit denen ich christliche Eltern von ungläubigen Kindern trösten könnte. Wie Paulus es beschreibt, leben viele von uns mit „tiefem Schmerz und großer Trauer" (Römer 9,2), weil Menschen, die wir lieben, Christus ablehnen. Auf seltsame Weise liegt ein gewisser Trost darin sich bewusst zu machen, dass derselbe Paulus, der sich in allen Lebensumständen freute und uns allezeit zur Freude am Herrn aufruft (Philipper 4,4), diesen tief sitzenden Kummer kannte.

Als einzige Ermutigung fällt mir ein, Sie an die Macht des Gebets zu erinnern. Ich habe so viele Berichte von wundersamen Gebetserhörungen gehört und habe es oft selbst erlebt. Fasten und beten Sie weiterhin für Ihre Kinder. Lassen Sie sich und Ihre Kinder weiterhin von Worten aus der Heiligen Schrift durchdringen und seien Sie gewiss, dass Gottes Wort Kraft hat. Leben Sie weiterhin so, dass Ihre Kinder die Gegenwart Gottes in Ihrem Leben nicht leugnen können, auch wenn sie ihn in ihrem eigenen Leben nicht wollen.

Angesichts des Evangeliums tragen wir als christliche Eltern eine Verantwortung – unabhängig davon, wie unsere Kinder darauf reagieren. So wie Gott über die Erde herrscht, sollen wir unserem Heim vorstehen. So wie Gott die Freiheit hat zu strafen und zu belohnen, so müssen wir unsere Kinder bestrafen und belohnen – mit einem betenden Herzen und auf eine Art, die Gott ehrt. Weil Gott vergibt, müssen wir unseren Kindern seine Vergebung zeigen, wenn sie sündigen. So wie Gott uns bedingungslos liebt, müssen wir für unsere Kinder Opfer bringen, unabhängig von dem, was sie tun. Sie müssen das Evangelium in Aktion sehen, wenn sie uns als Eltern beobachten. Wir streben danach, ein schönes Bild von Christus darzustellen, in der Hoffnung, dass sie ihn anziehend finden und ihr Leben dafür hingeben, ihn zu kennen.

ERZIEHUNG UND DAS BEISPIEL CHRISTI

Vor Jahren kam eine meiner Töchter von der Schule nach Hause und zeigte mir eine Arbeit, die sie verhauen hatte. Ich sah die Enttäuschung in ihren Augen, aber auch die Angst davor, wie ich reagieren würde. Wir wussten beide, dass die Note Sechs das Ergebnis von Faulheit und nicht von Unfähigkeit war. Also war uns beiden auch klar, dass Konsequenzen gerechtfertigt waren. Aber an diesem Abend beschloss ich, die Gelegenheit zu nutzen und sie etwas über Gnade zu lehren. Statt sie zu bestrafen, führte ich sie zum Essen und ins Kino aus und kaufte ihr ein Eis. Ich erklärte ihr, dass ich das tat, um ihr zu zeigen, was Gott durch Christus für uns getan hat. Trotz unserer Sünde hält er seinen Zorn zurück und überschüttet uns mit Segen.

Wir verbrachten einen tollen Abend zusammen, doch das Beste kam am nächsten Tag. Als ihre Freundinnen sich am Tag vorher von ihr verabschiedeten, wussten sie, dass sie mir gleich die misslungene Klassenarbeit beichten würde. Als sie nun fragten, wie es gelaufen war, konnte sie ihnen erzählen, was ich getan hatte, und ihnen das Evangelium erklären. Sie sagte, ihre Reaktion war: „Ich wünschte, ich hätte deinen Papa." Selbst das war ein lehrreicher Moment, denn wir sprachen darüber, dass Gottes Gnade uns so froh machen sollte, dass andere daraufhin sagen: „Ich wünschte, ich hätte deinen Gott." Dann erinnerte ich sie schnell daran, dass sie besser wieder anfangen sollte zu lernen. (Ich gebe meinen Kindern nicht immer ein Eis, wenn sie Fehler machen; dies war eine einmalige Lektion über Gnade. Auch wenn es Spaß machte, sie so mit Segen zu überschütten, als sie eigentlich verdient hatte, die Konsequenzen für ihr Handeln zu spüren, müssen wir daran denken, dass der Herr die zurechtweist, die er liebt [Hebräer 12,6].)

Eine alte Weisheit besagt: Was wir unseren Kinder vorleben, hat viel mehr Gewicht als das, was wir ihnen sagen. Das steht zwar nicht in der Bibel, aber wir wissen alle, dass sehr viel Wahres daran ist. Wir alle können Angewohnheiten, Ausdrücke und Einstellungen nennen, die wir uns von unseren Eltern abgeschaut haben – Gutes wie Schlechtes gleichermaßen. Sie haben sich nicht mit uns hingesetzt und uns all das beigebracht und doch haben wir diese Dinge am Ende von ihnen übernommen (oft sogar dann, wenn wir das absolut nicht wollten).

Unsere Kinder haben gesehen, dass wir selten allein in unserem Haus leben. Wir haben es ständig mit anderen geteilt, die einen Platz zum Wohnen brauchten. Einige dieser Menschen sind unsere liebsten

Freunde geworden. Manchmal bereitete es große Unannehmlichkeiten, aber wir versuchten, gastfreundlich zu sein und so zu lieben wie Christus. Es gab sogar Zeiten, in denen die Kinder wegen unserer Hausgäste Tränen vergossen. Jetzt schauen wir darauf zurück und lachen, aber damals war es manchmal schwer für sie. Das sind gute Erinnerungen für sie, denn sie zeigen, dass es nicht immer leicht ist, dem Beispiel Christi zu folgen. Wir hatten so oft Gäste, während sie aufwuchsen, dass es mich wirklich wundern würde, wenn meine Kinder ihre Häuser nicht für Menschen in Not öffnen würden, sobald sie eines Tages ihr eigenes Zuhause haben.

Unser ganzes Leben lang werden wir unseren Kindern dienen, sodass sie ein Beispiel Christi vor sich haben. Aber wir müssen sie auch lehren, anderen zu dienen – auch sie müssen dem Beispiel Christi in ihrem Leben folgen. Unsere Aufgabe ist es nicht nur, ihnen zu dienen, sondern ihnen beizubringen, ebenfalls zu dienen. Viele Menschen denken, Eltern sollten hart arbeiten, um für eine angenehme Rente zu sorgen und ein großes Erbe für ihre Kinder zu hinterlassen. Aber was ist, wenn sie das daran hindert, eine dienende Haltung zu entwickeln? Niemand will einem anderen zur Last fallen, aber die Heilige Schrift sagt tatsächlich, dass es Gott gefällt, wenn Kinder sich um ihre Eltern kümmern:

> Wenn eine Witwe jedoch Kinder oder Enkel hat, haben vor allem diese die Pflicht, nach den Geboten Gottes zu leben und ihren Eltern das Gute, das sie ihnen gegeben haben, zurückzugeben, indem sie für sie sorgen. Das ist etwas, über das sich Gott freut. (...) Diejenigen jedoch, die nicht für ihre eigenen Verwandten sorgen – besonders wenn sie im selben Haushalt leben –, haben damit

> verleugnet, was wir glauben. Solche Leute sind schlimmer als Ungläubige. (1. Timotheus 5,4 und 8)

Christliche Kinder sollten sich geehrt fühlen, ihren Eltern, die ihnen in ihren frühen Jahren gedient haben, etwas Gutes zu tun. Gottes Absicht war nicht, dass Eltern als Last betrachtet werden, sondern dass Kinder ihren Eltern mit Freude dienen. Ich erwarte von meinen Kindern, dass sie eines Tages helfen, sich um mich zu kümmern, falls ich so lange lebe. Ich hoffe, ich habe dankbare Kinder erzogen, die es als Ehre betrachten würden, eines Tages für ihre Mutter oder ihren Vater zu sorgen.

ERZIEHUNG UND GOTTES AUFTRAG

Ich arbeite viel. Und ich reise auf jeden Fall mehr als die meisten Menschen. Es vergeht kaum eine Woche, in der ich nicht in ein Flugzeug steige und mir gleichzeitig wünsche, ich könnte daheim bei meiner Familie bleiben. Manche würden behaupten, dass mich das zu einem schlechten Vater macht. Ich würde das bestreiten. Ich vernachlässige meine Kinder beim besten Willen nicht, aber ich erlebe oft, dass die Art zu dienen, zu der mich Gott berufen hat, das geordnete Familienleben stört. Ich glaube ernsthaft, dass es für meine Kinder gut ist, das zu beobachten.

Jesus nachzufolgen bedeutet, dass wir unsere persönlichen Wünsche zurückstellen und darauf vertrauen, dass das Ergebnis am Ende besser sein wird. Das meint Jesus, wenn er sagt: „Wenn einer von euch mit mir gehen will, muss er sich selbst verleugnen, jeden Tag aufs Neue sein Kreuz auf sich nehmen und mir nachfolgen“ (Lukas

9,23). Eine gute Erziehung bedeutet, den Kindern zu zeigen, dass der Auftrag Jesu wichtiger ist als wir alle. Teil unserer Mission ist, eine liebevolle Familie aufzubauen, die beispielhaft zeigt, wie Gott sich Beziehungen gedacht hat. Aber der andere Teil unserer Mission beinhaltet, die Familie zurückzustellen, wenn ein größerer Auftrag ruft (Matthäus 10,37).

Die Kinder müssen sehen, dass ich einige Mahlzeiten im Familienkreis, Klaviervorspiele und Fußballspiele verpasse, wenn der Auftrag es erfordert. Das ist in der Gemeinde Amerikas, wo wir unsere Liebe zu Gott von unserem Dienst für Gott trennen, kein sehr populärer Gedanke. Wir sagen, dass wir Gott am meisten lieben, doch diese Aussage bleibt unbestimmt und es folgen ihr nur wenig Taten. Jesus spricht über mehr als Gefühle und Emotionen. Er spricht buchstäblich von Opfern, die unser Leben durcheinanderbringen und möglicherweise sogar beenden.

> Unterwegs sagte einer der Jünger zu Jesus: „Ich will mit dir gehen, wohin du auch gehst." Aber Jesus hielt ihm entgegen: „Füchse haben ihren Bau und Vögel haben Nester, doch der Menschensohn hat keinen Ort, an dem er sich ausruhen kann." Zu einem anderen sagte er: „Komm, folge mir nach." Dieser jedoch antwortete: „Herr, lass mich zuerst noch nach Hause gehen und meinen Vater begraben." Jesus erwiderte: „Lass die Menschen, die nicht nach Gott fragen, für ihre Toten sorgen. Deine Aufgabe ist es hinzugehen und das Kommen des Reiches Gottes zu verkündigen." Ein anderer sagte: „Ja, Herr, ich will mit dir gehen, aber lass mich zuerst noch von meiner Familie Abschied nehmen." Doch Jesus sagte: „Wer eine Hand an

> den Pflug legt und dann zurückschaut, ist nicht geeignet für das Reich Gottes.“ (Lukas 9,57-62)

Wenn ich in einem Land der Dritten Welt bin und helfe, nach Lösungen für Armut und Hunger zu suchen, und meine Kinder zu Hause weinen, weil sie mich vermissen, dann erinnert meine Frau sie schnell daran, wie gesegnet sie sind einen Vater zu haben, der unterwegs ist, um sich um andere zu kümmern. Wenn ich als Redner unterwegs bin und die Kinder ohne mich unruhig werden, erinnert sie sie daran, was mein Handeln für die Ewigkeit bedeutet. Noch im selben Moment, wenn ich nach Hause komme, versichere ich ihnen, wie sehr ich sie vermisst habe und wie sehr ich mir wünschte, ich könnte die ganze Zeit bei ihnen sein. Und dann erinnere ich sie wieder an die Mission. Jetzt, wo meine Kinder älter geworden sind, nehme ich oft eins von ihnen mit, wenn ich an verschiedenen Orten diene, damit wir dem Auftrag gemeinsam nachgehen können.

Es ist gut für meine Kinder, ihren Vater vorübergehend loszulassen, damit er sich um Kinder kümmern kann, die keinen Vater haben. Es lehrt sie, Opfer für Menschen in Not zu bringen. Sie müssen begreifen, dass es bei der Mission darum geht, Menschen vor ewiger Qual zu retten, und dass wir darum alle bereit sein müssen, für ein höheres Ziel Opfer zu bringen.

Wenn sie nicht sehen, welche Opfer gebracht werden, werden sie später tatsächlich infrage stellen, ob wir das, was wir sagen, wirklich glauben. Sie werden eines Tages in einem Alter sein, wo sie logisch nachdenken und sich fragen können, warum wir als Familie so viel Zeit mit Spiel und Spaß verbracht haben, während wir doch wussten, dass auf der Erde unzählige Menschen litten, starben und auf dem Weg zur Hölle waren. Vielleicht ist das der Grund, warum 75 Prozent der Kinder, die in der Gemeinde aufwachsen, sich von der Kirche abwenden, sobald sie 18 sind. Sie sehen den Graben zwischen unserem angeblichen Glauben und unseren Taten und beschließen, bei dieser Heuchelei nicht mitzumachen.

Meine Freunde Brad und Beth Buser waren Missionare in Papua-Neuguinea und lebten bei einem Stamm im Dschungel, dem Volk der Iteri. Sie brachten zwanzig Jahre damit zu, die Sprache der Iteri zu lernen, ihnen das Evangelium weiterzugeben, die Sprache das erste Mal schriftlich zu erfassen, den Leuten Lesen beizubringen und das Neue Testament in ihre Sprache zu übersetzen. Durch diesen Dienst wurden Menschen gerettet und eine Gemeinde wurde gegründet, die auch in ihrer Abwesenheit weiterlebt.

Brad und Beth zogen vier Kinder im Dschungel von Papua-Neuguinea auf. Diese Kinder wurden Zeugen der Nöte, die ihre Eltern erduldeten. Ob es die Androhung von Gewalt war (die Eingeborenen hielten ihnen Speere ins Gesicht), schwere Krankheiten (einmal lag Brad im Koma und musste über den Luftweg abtransportiert werden) oder einfach nur die täglichen Herausforderungen eines Dienstes unter einem unerreichten Volk – sie erlebten alles mit.

Brad hat mir erzählt, dass es eines der großen Geschenke in seinem Leben war, jedes Kind Platz nehmen zu lassen, wenn es achtzehn wurde, und zu ihm sagen zu können: „Du hast gesehen, dass es nichts gab, was Mama und Papa nicht bereitwillig für das Evangelium geopfert hätten, nicht einmal unser Leben. Jetzt geh und tu das Gleiche." Wie viele von uns leben in einer Weise, dass wir das zu unseren Kindern sagen könnten?

Es ist schwer zu sagen, welcher Segen größer ist: dass das Volk der Iteri zum ersten Mal in der Geschichte Jesus verehrt oder dass alle vier Kinder von Brad und Beth Jesus lieben und die beiden Ältesten in den Dschungel von Papua-Neuguinea zurückgekehrt sind, um andere verlorene Stämme zu erreichen.

Sorgen Sie dafür, dass Gottes Auftrag in Ihrem Leben Priorität hat. Lassen Sie Ihre Kinder das sehen und geben Sie ihnen Gelegenheiten, gemeinsam mit Ihnen Gott zu dienen. Wenn sie erleben, wie viel Freude der Dienst bringt, besteht die Hoffnung, dass sie Gott immer noch treu dienen werden, wenn Sie schon lange nicht mehr da sind.

ERZIEHUNG UND DIE VERHEISSUNGEN GOTTES

Lassen Sie keinen Tag vergehen, ohne mit Ihren Kindern über den Himmel zu sprechen. Das Wichtigste, was Sie Ihren Kindern vermitteln können, ist, wie sie Entscheidungen mit einer an der Ewigkeit orientierten Denkweise treffen. Das heißt nicht, dass wir die greifbaren und vorübergehenden Probleme vor uns ignorieren, sondern dass wir sie aus der Perspektive der Ewigkeit angehen. Erklären Sie Ihren Kindern, dass das Leben kurz und unsicher ist, unsere Zukunft jedoch nicht. Jede Beerdigung, die sie besuchen, jeder Angehörige, den sie verlieren, jedes Haustier, das stirbt, wird diese Wahrheit untermauern. Zu viele Eltern versuchen ihre Kinder von der Realität abzuschirmen. Es ist nur eine Frage der Zeit, bis sie diese Dinge selbst herausfinden. Helfen Sie ihnen, die Realität von Kindheit an zu verarbeiten, und vermitteln Sie ihnen, warum das wichtig ist.

Wir lassen unsere Kinder an vielen Entscheidungen teilhaben, die wir treffen, und erklären ihnen unsere Gründe. Wir erzählen es ihnen, wenn finanzielle Mittel abgezweigt werden, weil wir in den Himmel investieren wollen (Matthäus 6,19-20). Weil wir offen über diese Dinge sprechen, haben unsere Kinder sehen können, wie Gott uns auf viele verschiedene Arten zu Hilfe gekommen ist, und sind dadurch gesegnet worden. Sie sehen, dass Gott seine Versprechen bei den kleinen Dingen hält, und das gibt ihnen Gewissheit für seine Verheißungen ewiger Reichtümer.

Unsere Kinder sind so fest überzeugt vom Himmel und sie freuen sich so sehr darauf, dass sie manchmal Dinge sagen, die andere makaber finden. Ich weiß noch, wie ich einmal mit der ganzen Familie im Flugzeug saß und eines der Kinder sagte: „Papa, wäre es nicht stark, wenn dieses Flugzeug abstürzen würde? Dann würden wir alle zusammen in den Himmel kommen!" Ich stimmte zu, aber ich bin sicher, die Leute um uns herum hielten uns für ziemlich merkwürdig.

Wir haben Kinder großgezogen, die keine übermäßige Angst vor dem Tod haben. Ich glaube auch, dass sie auf die Zeit vorbereitet sind, wenn Mama und Papa weggehen, um bei Jesus zu sein. Obwohl sie sicher genauso trauern werden wie jedes andere Kind, sind Lisa und ich zuversichtlich, dass sie Christus vertrauen und sich nicht gegen ihn auflehnen werden. Wir haben dafür gesorgt, dass sie von Anfang an wussten, dass das Leben kurz und unvorhersehbar ist. Wir haben immer betont, dass wir aus diesem Grund für die Ewigkeit leben und uns über Gottes Verheißungen für die Zukunft freuen.

LIEBE, FURCHT UND HINGABE – LISA

Es kann schwer sein gegen den Wunsch anzukämpfen, für unsere Kinder lieber ein Freund sein zu wollen als eine Autoritätsperson.

Ich traf mich einmal mit einer jungen Ehefrau, die noch keine Kinder hatte. Irgendwie kamen wir auf das Thema der Partnerschaft mit Ungläubigen und ich erzählte ihr, was wir unseren Kindern immer sagen. Wenn sie entschlossen sind, Jesus nachzufolgen, werden wir sie nicht in einer Beziehung mit jemandem unterstützen, der Jesus nicht nachfolgt. Sie war schockiert, dass wir uns in jedem Alter an diese Richtlinie hielten und keine Ausnahme machten. Sie fürchtete, wenn man Kinder auf diese Richtlinie verpflichtete, würde man dem Widerstand Vorschub leisten.

Ich möchte ehrlich sein. Diese Denkweise entmutigte mich sehr. Sollten Eltern es ihren Kindern wirklich schmackhafter machen Jesus nachzufolgen, sodass es ihnen weniger schwer erscheinen würde, seine Gebote zu halten? Ich würde dagegenhalten, dass das den Kindern in Wirklichkeit eine furchtbare Botschaft vermittelt: dass man es sich beliebig heraussuchen kann, welchen Geboten man folgt und in welchem Alter man das tut.

Die Sache ist die: Niemand garantiert uns, dass unsere Kinder nicht rebellieren werden. Und die Wahrscheinlichkeit ist groß (da sie Sünder sind), dass sie sich auf die eine oder andere Art widersetzen *werden*, während sie lernen für Gott zu leben. Aber ich will auf keinen Fall diejenige sein, die die Maßstäbe aufweicht oder die Regeln versüßt, um meinen Kindern Zugeständnisse zu machen. Das würde deutlich zeigen, dass ich sie mehr fürchte als Gott. Es ist verführerisch, sich bei der Erziehung von solch einer Furcht leiten zu lassen.

Ein paar Tage nach diesem Treffen stieß ich auf diese Verse:

> Nehmt euch die Worte, mit denen ich euch heute ermahnt habe, zu Herzen. Schärft sie euren Kindern ein, damit sie jedes Wort dieses Gesetzes gewissenhaft befolgen. Diese Anweisungen sind nicht nur leere Worte – sie sind euer Leben! (5. Mose 32,46-47)

Sind Sie bereit, sich Ihren Kindern entgegenzustellen, wenn Gottes Wort auf dem Spiel steht? Das heißt nicht, dass Sie Ihnen nicht liebevoll die Wahrheit sagen und ehrlich zeigen, wie sehr Sie sich um ihr Wohl sorgen. Fragen Sie sich, wodurch Sie Ihnen tatsächlich am meisten Ihre Liebe zeigen – indem Sie sie mit Gottes Gesetz herumspielen lassen? Oder indem Sie ihnen Gottes Gesetze als Maßstab präsentieren, nach dem wir leben? Schließlich sind diese Gebote *unser Leben.*

Erinnern Sie sich an den Priester Eli im Buch Samuel? Ich finde seine Geschichte hochinteressant. Er selbst war ein treuer Priester gewesen, aber die Bibel beschreibt seine zwei älteren Söhne als „niederträchtige Männer, die keine Achtung vor dem Herrn hatten" (1. Samuel 2,12). Eli hörte von den üblen Dingen, die seine Söhne taten, sie nahmen sich Opferfleisch, das ihnen nicht zustand, sie eigneten sich Dinge mit Gewalt an und schliefen mit den Frauen im Tempel. In der Bibel steht, dass Eli sie zurechtwies und ihnen sagte, dass sie damit aufhören sollten. Aber es ist klar, dass Gott von Eli erwartete, seine Söhne vom Dienst zu entfernen und sie für ihre Taten zu bestrafen. Seine mangelnde Bereitschaft Gott zu ehren führte zu einem strengen Gericht! Durch Samuel offenbarte Gott Eli seine Strafe:

> An jenem Tag werde ich alle meine Ankündigungen gegen Eli und seine Familie wahr machen. Ich habe ihm vorausgesagt, dass ich seine Familie für immer richten will, weil seine Söhne Gott gelästert haben und er sie nicht bestraft hat. (1. Samuel 3,12-13)

Vorher sagte Gott, dass Eli seine Söhne mehr geehrt hat als ihn (1. Samuel 2,29).

Das ist eine bedrückende Stelle. Aber für uns ist es wichtig, daran zu denken, dass von unseren Kindern Gehorsam zu erwarten sein sollte. Selbst in einem frühen Alter müssen wir sie daran erinnern, dass das gilt, was Gott sagt. Viele Bibelstellen zeigen, wie sehr es Gott am Herzen liegt, dass wir ihm in jungen Jahren gehorsam sind (z. B. 1. Mose 18,19; 1. Samuel 2,18-19 und 26; Psalm 71,17; Lukas 18,15-17; 1. Timotheus 4,12).

Teenager sind von Gottes Gesetz nicht ausgenommen. Wenn sie älter werden, werden sie um die Entscheidung ringen, ob sie Gott folgen wollen oder nicht. Aber wir dürfen nicht aus Angst vor Widerstand von Gottes Maßstäben abrücken.

Es bricht mir das Herz, wenn ich mir vorstelle, dass meine Kinder nicht mit Gott leben könnten. Es wäre fast unerträglich. Die Wahrheit ist aber: Wir sind nicht der Heilige Geist. Nur der Heilige Geist kann ins Leben unserer Kinder kommen, sie erneuern und verändern und ihnen das Verlangen schenken, Gott zu folgen. Doch irgendwo in meinem Inneren habe ich diese heimliche Hoffnung, dass sie vielleicht, wenn ich alles „richtig" mache und genau die richtigen Bibelverse weitergebe und mir die Knie wund bete, zu wunderbaren Kindern heranwachsen, die Jesus lieben. Es muss doch irgendwo ein Rezept dafür geben!

Aber es gibt kein Rezept. Und das lässt uns sehr demütig werden. Als Eltern müssen wir unbedingt selbst das Ziel verfolgen, Christus ähnlich zu sein. Wir sollten unbedingt Bibelverse mit unseren Kindern teilen. Und unsere wirksamste Waffe ist auf jeden Fall das Gebet. Aber all das setzen wir nicht ein, um unsere Kinder zu retten! Das kann nur Gott allein.

Wir tun all das, damit unser Gewissen in Gottes Gegenwart zur Ruhe kommen kann. Und wir tun es, weil wir unsere Kinder wirklich lieben und ihnen den liebenden Jesus so deutlich wie möglich vorleben wollen. Wenn Ihre Kinder in eine Krise geraten oder vom Weg abzukommen drohen, dann geben Sie nicht auf. Leben Sie weiterhin Ihren Glauben. Lassen Sie sich vom Feind nicht durch Lügen und Hoffnungslosigkeit in die Verzweiflung treiben.

Sie sind nicht perfekt und werden es nie sein. Wir alle machen als Eltern Fehler. Die eigentliche Frage ist: Wird Ihr Leben davon geprägt, dass Sie Christus nachfolgen? Wenn dem so ist, dann sollten Sie Ihre Fehler demütig annehmen, ohne sich davon lähmen zu lassen. Wenn nicht, dann können Sie umkehren und glauben, dass Gott nicht nur Ihr Leben, sondern auch das Ihrer Kinder verwandeln kann.

Wenn Sie Ernst machen mit Ihrem Leben mit Gott, wird er vielleicht genau das gebrauchen, um Ihre Kinder zu ihm zurückzubringen. Wäre das nicht unglaublich?

Neulich fragte uns ein jüngeres Ehepaar, wie sie eine enge Beziehung zu ihren Kindern aufbauen könnten. Die Frau erklärte uns: „Ich habe meinen Eltern *überhaupt nichts* anvertraut." Doch allein die Tatsache, dass sie eine andere Art von Beziehung zu ihren Kindern haben wollte, war ein Schritt in die richtige Richtung.

Als ich diese Frage beantwortete, wurde mir etwas klar: Um eine enge Beziehung zu den Kindern zu bekommen, sollte man mit seinem Ehepartner fest verbunden sein. Das ist einer der besten Wege zum Ziel. Zu einem Großteil zieht ein Kind seine Sicherheit aus dem Vertrauen, dass Mama und Papa eine starke Einheit sind. Denken Sie einmal darüber nach. Wenn Sie Ihren Kindern erklären, was es bedeutet Christus zu folgen, dann wird ihnen das einleuchten, wenn Sie und Ihr Ehepartner das in Ihrer Familie ausleben. Sie werden sich zu Ihnen und der Frucht des Geistes, die in Ihrem Leben sichtbar ist, hingezogen fühlen.

Ihre Integrität in der Ehe wird einen großen Einfluss auf Ihre Kinder haben. Das heißt nicht, dass sie nicht miterleben werden, wie Sie Konflikte bewältigen müssen oder dann und wann einen schlechten Tag haben. Aber Ihre Kinder brauchen die Gewissheit, dass Sie wahrhaftig sind. Es reicht nicht aus, am Sonntag früh aufzustehen, die Kinder ins Auto zu verfrachten, den ganzen Weg zur Gemeinde zu streiten und dann den Rest der Woche die eigenen Interessen zu verfolgen. So wichtig es ist, zu einer Gemeinde zu gehören, müssen Ihre Kinder doch auch unter der Woche sehen, wie Gottes Wahrheit Ihr Leben prägt. Wenn sie sehen, wie Sie die Botschaft des Evangeliums in Ihrer vertrautesten Beziehung umsetzen, dann werden sie einen glaubwürdigen Eindruck davon haben, was es bedeutet, nach dem *Wort* zu leben und nicht nach der *Welt*.

Es spielt eine Rolle, wie Sie Ihren Ehepartner vor den Kindern behandeln. Es ist äußerst wichtig, wie Sie über Ihren Ehepartner sprechen, wenn er nicht da ist. Ihre Kinder sind nicht dumm. Sie haben feine Antennen für Respektlosigkeit, Ärger und fehlende Liebe. Aber sie spüren auch Gnade, Geduld und eine liebevolle Haltung.

Welche Botschaft geben Sie Ihren Kindern weiter? Können sie sehen, dass Sie das Wort Gottes ernst nehmen?

Wir können nicht Christen sein, die „lediglich ihren Ehepartner nicht lieben“. So funktioniert das nicht. Nach Ihrer Beziehung zu Christus übt die Beziehung zu Ihrer Frau oder Ihrem Mann den größten Einfluss aus. So viele Kinder kommen vom Glauben ab, wenn sie sehen, wie ihre gläubigen Eltern es nicht schaffen, sich gegenseitig wirklich zu lieben. Ich spreche von gläubigen Eltern – Eltern, in denen der Heilige Geist wohnen sollte.

Ja, es gibt auch andere Dinge, die Ihre Kinder in Versuchung bringen werden, und andere Gründe, warum sie Christus vielleicht nicht folgen wollen. Aber möchten Sie Ihren Kindern in deren Glaubensleben wirklich einen weiteren potenziellen Stolperstein in den Weg legen, nur weil Sie „keine Lust“ haben, Ihren Mann oder Ihre Frau zu lieben? Paulus sagt: „*So weit es möglich ist und auf euch ankommt*, lebt mit allen in Frieden“ (Römer 12,18; Gute Nachricht Bibel, Hervorhebung vom Autor). Tun Sie alles, was nötig ist, um das Evangelium in Ihrer Ehe auszuleben – in der Kraft des Heiligen Geistes. Es steht so viel auf dem Spiel.

LIEBE

Man sagt: „Zerbrich dir nicht den Kopf über die kleinen Dinge.“ Das gilt besonders in der Erziehung. Neulich betete ich für meinen Sohn und verlor mich dabei in einigen kleinen Sorgen, als ich plötzlich zum Kern der Sache kam. Mein größter Wunsch für meinen Sohn ist, dass er ein rechtschaffener Mann wird und dass sein Charakter alles andere in seinem Leben überstrahlt. Also hörte ich auf, für die kleinen Probleme zu beten, und fing an Gott zu bitten, meinen Sohn zu einem rechtschaffenen Mann zu machen. Wenn ich mich mit meinen Gebeten auf das große Ganze konzentriere, hilft mir das, mich nicht ablenken zu lassen. Und es bewahrt mich davor, mich entmutigen zu lassen, wenn es schwierig wird.

Unsere Kinder hören uns oft dafür beten, dass wir alle Gott immer mehr lieben. Und das ist wirklich unser Herzenswunsch hinter jedem Gebet, das wir jemals für sie sprechen werden. Gott mehr zu lieben heißt, das wichtigste Gebot zu erfüllen (Markus 12,28-30). Gott mehr zu lieben wird für sie der Grund sein, mit seinem Geist im Gleichschritt zu bleiben und seinem Wort zu gehorchen. Wir wollen keine „religiösen" Kinder, die vor Schimpfwörtern und nicht jugendfreien Filmen zurückschrecken. Wir wollen Kinder, die Gott von ganzem Herzen lieben und ihr Leben mit dem Wunsch führen, ihm zu gefallen.

FURCHT

Erziehung kann voller Ängste sein. Ich kaufte neulich eine Tafel für mein Haus, auf der steht: „Möge dein Glaube größer sein als deine Furcht." Das ist eine großartige Erinnerung, die ich jetzt jeden Tag vor mir habe. Ich brauche das so dringend, dass mein Glaube größer ist als meine Furcht! Ich wünschte, ich wäre von Natur aus furchtlos und mutig und kühn. Aber das bin ich nicht. Es ist ein ständiger Kampf für mich.

Als ich Mutter wurde, musste ich noch stärker gegen die Angst ankämpfen. Plötzlich stand mein Wunsch, Christus um jeden Preis nachzufolgen, in der Gefahr, von dem Wunsch nach Sicherheit und

Geborgenheit aufgefressen zu werden. Bei der Erziehung ist es sehr wichtig daran zu denken, zu wem *man selbst* gehört, nicht nur zu wem die Kinder gehören. Wir gehören nicht uns selbst, wir wurden teuer erkauft (1. Korinther 6,19-20). Jesus sagt:

> Wer mir nachfolgen will, muss mich mehr lieben als Vater und Mutter, Frau und Kinder, Brüder und Schwestern – ja, mehr als sein Leben. Sonst kann er nicht mein Jünger sein. Und ihr könnt auch nicht meine Jünger sein, wenn ihr nicht euer Kreuz auf euch nehmt und mir nachfolgt. (Lukas 14,26-27)

Diese gewaltige, allumfassende Liebe, die wir für unsere Kinder empfinden, sollte in unserer Liebe zu Jesus aufgehen und von ihr verschlungen werden.

Kinder wecken den Beschützerinstinkt in uns – dieses überwältigende Verlangen, sie vor Verletzungen und Schmerzen zu bewahren. Aber wir haben *keine Ahnung*, welche Pläne Gott für unsere Kinder hat. Wir wissen jedoch, dass auf ihrem Weg, gottesfürchtige Männer und Frauen zu werden, seine Pläne ganz sicher Kämpfe, Anfechtungen und Kummer mit einschließen (2. Timotheus 3,12; Johannes 16,33). Wir müssen aufhören, so viele Ängste mit uns herumzutragen, und anfangen, darauf zu vertrauen, dass Gott weiß, was er tut.

Als eine unserer Töchter fünfzehn war, hatte sie die Gelegenheit, sechs Wochen in einem Waisenhaus in Thailand zu verbringen. Wir waren im Jahr zuvor als Familie dort gewesen, darum konnte sie es kaum erwarten, in das Waisenhaus zurückzukehren und die Kinder wiederzusehen. Das einzige Problem war, dass sie den internationalen Flug allein machen musste, mit einem kurzen Zwischenstopp in Japan. In meinem Herzen wusste ich, dass sie das machen sollte. Aber in meiner Angst wollte ich, dass sie zu Hause blieb! Ehrlich, ich dachte immer wieder darüber nach, mich Gottes Willen in den Weg zu stellen, und das durfte ich nicht zulassen.

Als wir darüber beteten, glaubten Francis und ich beide, dass der Heilige Geist uns dahin führte, sie ziehen zu lassen. Manche Leute hielten uns ein wenig für verrückt. Vielleicht denken sie das immer noch! Aber wir glaubten, dass das Gottes Wille war, darum mussten wir ihm vertrauen. Wir wussten, wer sie auf der anderen Seite der Welt in Thailand abholen und sicher zum Waisenhaus bringen würde. Aber noch viel wichtiger war, dass wir den Einen kannten, der jeden Moment bei ihr sein und sie durch alle Umstände führen und leiten würde. Das war eine kostbare Gelegenheit für sie, selbst im Glauben zu wachsen und zu erfahren, wie es ist, sich auf Gott zu verlassen.

Es ist nicht leicht, unsere Kinder loszulassen. Ich weinte mir die Augen aus, als ihr Flugzeug abhob! Aber Gott erinnerte mich daran: *Ihn* am meisten zu lieben sah in diesem Moment genau so aus – ihn so sehr zu lieben, dass ich bereit war, mein kostbares Kind seiner Obhut anzuvertrauen.

HINGABE

Wenn ich sagen müsste, wovor ich am meisten Angst habe, dann würde ich auf jeden Fall sagen, dass es die Vorstellung ist, gefoltert zu werden, oder noch schlimmer: zuzusehen, wie meine Kinder überwältigt und gefoltert werden oder ihnen Gewalt angetan wird. Ich kann mir nichts Entsetzlicheres vorstellen. Viele von uns bleiben hier stecken, gelähmt von unserer „allergrößten“ Angst. Wir lassen uns so sehr von unseren großen, verrückten Ängsten gefangen nehmen, dass wir nicht mehr wahrnehmen, wie sehr wir bei den „kleineren" Ängsten dagegen ankämpfen, uns Gott zu überlassen. Es ist diese mangelnde Kapitulation in unserem *alltäglichen* Leben, die sich verheerend auf unser Leben mit Gott auswirkt.

Die Furcht, die mir am meisten im Weg steht, ist letzten Endes die Furcht, nicht die Kontrolle zu haben. Ich möchte, dass es auf *meine* Art läuft. Ich will auf *meine* Art dafür sorgen, dass es allen gut geht und sie sich wohlfühlen. Aber bei Hingabe und Ergebung geht es komplett darum, die Kontrolle abzugeben. Sie sind ihrem Wesen nach selbstlos. Wir kämpfen mit Ängsten und zögern, uns zu ergeben, weil das von uns verlangt, uns selbst und unsere Liebsten loszulassen. Wenn Sie ein Kontrollfreak sind, werden Sie hier eine Menge Gebet brauchen!

Es kann niederschmetternd sein zu erkennen, dass wir uns in den alltäglichen Momenten mit Gott überhaupt nicht ergeben *wollen.* Aber es ist nur dann niederschmetternd, wenn man es erkennt und nichts daran ändert. Prüfen Sie Ihr Herz an diesem Punkt. Haben Sie die Absicht oder den Wunsch, sich Gottes Willen für Ihr Leben, Ihre Ehe oder Ihre Kinder unterzuordnen? Denn seien wir ehrlich, wozu ist ein „Gläubiger" gut, wenn er Gott nicht vertraut? Was nützt ein „Nachfolger" Christi, der Christus nicht nachfolgt? Gott ruft uns auf, ihm alles zu überlassen. Wenn wir das nicht können – oder nicht wollen – hat es keinen Sinn, von hier aus weiterzumachen. Aber wenn Sie es wollen – und fest vorhaben –, dann gibt es keinen besseren Moment, um anzufangen.

FAZIT: DENKEN SIE AN DIE ZUKUNFT IHRER KINDER

Es sieht auf keinen Fall so aus, als ob unsere Kinder es einfacher haben werden als wir. Im Gegenteil, es scheint, dass sie in einer Welt leben werden, die sich immer stärker gegen biblische Moralvorstellungen und Gottes Herrschaft stellt. Die Schikane hat schon begonnen und die körperliche Verfolgung scheint kurz bevorzustehen. Jesus in Amerika nachzufolgen wird für diese Generation schwieriger sein. Es wird mehr Stärke erfordern. Wir brauchen eine Generation von Eltern, die sich weit mehr Gedanken über die Stärke ihrer Kinder macht als über ihr angenehmes Leben, ihren Wohlstand, ihre Gesundheit und die Liebe zu ihren Eltern.

Jakobus 1 sagt uns, dass sich Stärke durch Prüfungen entwickelt. Das Durchhalten lernt man, indem man tatsächlich auf die Probe gestellt wird. Das hört sich für manche von Ihnen wahrscheinlich schlimm an, aber ich (Francis) habe sogar dafür gebetet, dass meine Kinder durch Anfechtungen gehen. Wenn Anfechtungen der Kanal sind, durch den Stärke kommt, sollten wir uns dann nicht ein paar Anfechtungen wünschen?

Angenehme Umstände bringen keine starken Kinder hervor. Ich möchte, dass meine Kinder stark sind, weil ich erlebt habe, wie schwache Menschen sich duckten, wenn sie unter Druck gerieten. Ich glaube, die Zukunft wird schwierig und ich möchte, dass meine Kinder durchhalten. Ich möchte, dass sie einige Anfechtungen durchleben, während sie noch unter meiner Obhut sind, damit ich sie hindurchleiten kann. Ich möchte starke Kinder großziehen.

Wir wollen außerdem Kinder großziehen, deren Leben sich um Gott und seinen Auftrag dreht. Eine Menge Erziehungsratschläge, die man heutzutage bekommt, konzentrieren sich darauf, wie man die Kinder ernährt, sich um sie kümmert, sie unterstützt, ihnen hilft usw. Und das ist wunderbar. Nur dann nicht, wenn wir all das auf eine Weise tun, die unsere Kinder zum Mittelpunkt unseres oder ihres Universums macht.

Unsere Kinder gut zu versorgen bedeutet, ihnen beizubringen, wie sie in der wirklichen Welt zurechtkommen. Und das ist die „echteste“ Wirklichkeit: Gott sagt uns, „aus ihm und durch ihn und zu ihm hin sind alle Dinge“ (Römer 11,36; Elberfelder). Gott ist das Zentrum des Universums. Er schuf diese Welt, um seine Herrlichkeit zu verkünden. Wir tun unseren Kindern also keinen Gefallen, wenn wir sie über das Wesen des Universums belügen. Es dreht sich nicht um sie, sondern um ihn.

Es dreht sich auch nicht um uns als Eltern. Unsere Erziehung muss auf der Grundlage von Gottes Gnade stehen. Alles, was wir als Eltern tun, muss auf Gott, seine Herrlichkeit und seine Mission ausgerichtet sein. Der Auftrag von Jesus für seine Gemeinde ist klar: „Darum geht zu allen Völkern und macht sie zu Jüngern“ (Matthäus 28,19). Natürlich umfasst das viel mehr als die Erziehung von Kindern. Doch die Erziehung ist von diesem Befehl, Menschen zu Jüngern zu machen, nicht ausgenommen. Gott hat Ihnen Ihre Kinder anvertraut, damit Sie sie zu Jüngern machen, die in alle Welt gehen und Menschen zu Jüngern machen. Der Auftrag Jesu ist zu wichtig, um ihn wegen unserer Unsicherheit, unserer Sehnsucht nach Geborgenheit und unserer Ängste zu vertun.

ZUR TAT SCHREITEN

Wenn Sie aktuell ein Elternteil sind, werden Sie automatisch mit konkreten Schritten auf dieses Kapitel reagieren. Die Entscheidungen, die Sie bei der Erziehung treffen, werden schnell verraten, ob Sie in der Art, wie Sie Ihre Kinder erziehen, auf Gott und seine Mission ausgerichtet sind. Aber es ist wichtig, sich Gedanken darüber zu machen, darum nutzen Sie die folgenden Anregungen, um Ihren Erziehungsansatz zu bewerten.

REDEN SIE MIT IHREM EHEPARTNER.

- *Im größten Teil dieses Buches haben Sie Ihre Beziehung zu Ihrem Ehepartner näher untersucht. Nehmen Sie sich jetzt ein wenig Zeit für ein ehrliches Gespräch über die Erziehung Ihrer Kinder. (Wenn Sie noch keine Kinder haben, können Sie sich ein paar passende Fragen aussuchen, um darüber zu sprechen, wie Sie es in der Zukunft gern handhaben würden.)*

- *Was würden Sie als Ihr höchstes Ziel bei der Erziehung bezeichnen?*

- *Was würden Sie als Ihre größte Schwäche bei der Erziehung sehen?*

- *Glauben Sie, Ihre Kinder sehen sich als Zentrum ihres eigenen Universums? Warum denken Sie das?*

- *Mit welchen konkreten Schritten können Sie anfangen ihnen zu helfen, Gott und seine Wahrheit deutlicher zu erkennen?*

- *In welcher Hinsicht müsste sich Ihre Beziehung zueinander eventuell verändern, damit Ihre Kinder ein genaueres Bild von Gott und seinem Willen bekommen?*

REDEN SIE MIT IHREN KINDERN.

- *Wenn Ihre Kinder alt genug für so ein Gespräch sind, dann denken Sie darüber nach, ob Sie sich mit ihnen zusammensetzen und ihnen ein paar wichtige Fragen zu Ihrer Erziehung stellen können. Nutzen Sie diese Fragen als eine Gelegenheit, Ihren Kindern dort, wo Sie es für angemessen oder hilfreich halten, etwas beizubringen und zu erklären.*

- *Bitten Sie Ihre Kinder, ehrlich über ihre Beziehung zu Gott zu sprechen. Vergewissern Sie sich, dass sie die Freiheit haben, ehrlich zu antworten. Sie werden wahrscheinlich in der Versuchung stehen, Ihnen einfach zu sagen, was Sie hören wollen. Erzählen Sie ihnen, welche Schwierigkeiten Sie in ihrem Alter mit dem Glauben hatten, dadurch werden sie ermuntert, von ihren Zweifeln und Kämpfen zu erzählen. Tun Sie alles, was Sie können, um sie zur Ehrlichkeit zu ermutigen.*

- *Fragen Sie Ihre Kinder, wie Sie für sie beten können, während sie darum ringen, ein heiliges Leben zu führen und auf ihr Umfeld einzuwirken. Beten Sie besonders für einige ihrer Freunde und fragen Sie dann und wann nach, um zu sehen, ob Gott diese Gebete erhört hat.*

- *Erkundigen Sie sich nach ihren Träumen. Fragen Sie sie, wie ihr Leben ihrer Meinung nach in zehn Jahren aussehen würde, wenn alles für sie ideal nach Plan verliefe.*

- *Reden Sie mit Ihrem Ehepartner über die Antworten Ihrer Kinder. Gibt es aufgrund der Antworten der Kinder irgendetwas in der Erziehung oder in Ihrer Beziehung zueinander, was Sie ändern sollten?*

Das erstaunliche Rennen

ZUM SCHLUSS

In den USA gibt es die Reality-Fernsehshow „The Amazing Race“ (Das erstaunliche Rennen). Die Mitspieler bilden Zweierteams und erhalten Aufgaben und Hinweise, die sie zu einem Rennen um die ganze Welt führen. Teilnehmerpaare disqualifizieren sich an verschiedenen Kontrollpunkten, wenn sie zu langsam sind. Das erste Paar, das die gesamte Reise vollendet, erhält den Preis. Ich habe die Show nur ein paar Mal gesehen, aber ich fand es unterhaltsam zu sehen, wie Paare kämpften, wertvolle Zeit vergeudeten und am Ende verloren. Es war auch inspirierend (die Titelmusik hat sicher dazu beigetragen) zu beobachten, wie Paare sich gegenseitig ermutigten, sich durch die Herausforderungen kämpften und die Stärken des jeweiligen Partners einsetzten, um die Ziellinie zu erreichen.

Bei einem Ehewochenende sprach Lisa neulich darüber, dass sie unsere Ehe als eine lange Folge von „The Amazing Race“ betrachtet. Der Grund, warum wir nicht oft streiten, ist, dass wir keine Zeit dafür haben. Wir haben genug damit zu tun, die Ziellinie zu erreichen. Selbst bei unseren Erfolgen haben wir nur Zeit für eine kurze Feier, weil die Uhr tickt. Wir klatschen uns schnell ab und dann geht es schon zum nächsten Kontrollpunkt. Wir machen vielleicht eine Pause, um Luft zu holen, aber dann stürzen wir uns schnell wieder in das Rennen. Ähnlich wie Paulus (1. Korinther 9,24-27) sehen wir unser irdisches Leben als Wettlauf.

Ein Marathonläufer sagte mir, man müsse versuchen, die zweite Hälfte der Strecke schneller zu laufen als die erste. Und sobald die Ziellinie in Sicht ist, sprinten viele Läufer los. Sie verbrauchen das letzte bisschen Kraft, das sie noch übrig haben, weil sie wissen, sie können sich auf den Boden werfen, sobald sie durch das Band gelaufen sind.

So möchte ich mein Leben führen. Ich möchte, dass die zweite Hälfte stärker wird als die erste. Die meisten in Amerika machen es andersherum: Sie tun radikale Dinge für Christus, wenn sie zwischen 18 und 25 sind, und sobald sie verheiratet sind, lässt das Tempo nach. Wenn sie Kinder haben, verlangsamt sich der Dienst für Christus zu einem Kriechen – man muss ja an die Familie denken. Und dann ist es nur noch eine Frage der Zeit, bis man vergisst, dass man überhaupt in einem Rennen läuft. Stattdessen konzentriert man sich darauf, ein Haus zu bauen und sich niederzulassen.

Aber so muss es nicht sein. Wir können im Lauf des Rennens schneller werden. In unseren letzten Jahren können wir sprinten, weil wir wissen, dass wir uns danach in die Arme Jesu werfen können.

VON DEN ÄLTEREN LERNEN

Josua und Kaleb sind wunderbare Vorbilder für uns. In ihren Anfangsjahren waren sie die einzigen beiden Kundschafter, die daran glaubten, dass Gott sie zum Sieg führen konnte. Kaleb erzählt die Geschichte noch einmal in fortgeschrittenem Alter in Josua 14 (es lohnt sich unbedingt, das zu lesen). Er erzählt von den früheren Tagen, als alle zweifelten, während er und Josua bereit zum Kämpfen waren. Darum erklärte Gott, dass nur Josua und Kaleb das verheißene Land betreten würden. Alle anderen würden in der Wüste sterben. Der am meisten inspirierende Teil seiner Rede kommt am Schluss:

> Der Herr hat mich bis jetzt am Leben erhalten, wie er es versprochen hat. Vor 45 Jahren gab er Mose während der Wüstenwanderung Israels diese Zusage für mich. Heute bin ich 85 Jahre alt. Ich bin immer noch so stark wie damals, als Mose mich auf Kundschaft schickte, und ich bin heute noch rüstig und genauso gut im Kampf wie damals. Deshalb bitte ich dich, mir das Bergland zu geben, das der Herr mir an diesem Tag versprochen hat. Du wirst dich erinnern: damals kundschafteten wir aus, dass dort die Anakiter in großen, befestigten Städten leben. Doch wenn der Herr mit mir ist, werde ich sie aus dem Land vertreiben, wie der Herr gesagt hat. (Josua 14,10-12)

Mit 85 war Kaleb so mutig wie eh und je. Es ist selten, dass wir Menschen in ihren Fünfzigern und Sechzigern treffen, die aus ihrem Glauben leben, noch seltener ist das bei Menschen in ihren Achtzigern. Ich habe überall in Amerika mit jungen Menschen gesprochen und sie sagen mir, wie gern sie sich von älteren Menschen, die aus dem Glauben leben, begleiten lassen würden. Aber sie können keine finden. Einige sind vielleicht fröhlich und freundlich, aber sie leben nicht mehr aus dem Glauben. Leider besteht ihr Leben daraus, die Enkel zu besuchen und in den Urlaub zu fahren. Manche häufen immer noch mehr Besitz an und hoffen, so das Beste aus ihren letzten Tagen auf der Erde herauszuholen.

Kaleb ist das komplette Gegenteil. Mit 85 war das Ende in Sicht. Er sprintete auf die Ziellinie zu. Er hatte die Treue Gottes sein Leben lang erfahren und das machte ihn im Lauf seines Lebens immer noch mutiger.

Und dann ist da Josua, der diese Worte am Ende seines Lebens spricht:

> Bald werde ich sterben und den Weg alles Irdischen gehen. Tief in euren Herzen wisst ihr, dass jede Verheißung des Herrn, eures Gottes, wahr geworden ist. Nicht eine einzige blieb unerfüllt! (Josua 23,14)

So eine Rede würde ich gern am Ende meines Lebens halten. Sie nicht? Möchten Sie nicht auf Ihre Lieben schauen und ihnen sagen, wie treu Gott Ihr Leben lang gewesen ist? Und wollen Sie sie nicht ermutigen, Ihrem Beispiel zu folgen und dem Gott treu zu bleiben, der seine Verheißungen so treu erfüllt hat?

Josua und Kaleb hatten einen guten Anfang und ein gutes Ende. Sie waren treu bis zum Schluss und betraten das verheißene Land. Die Bibel sagt nicht viel über die Beziehung zwischen Josua und Kaleb, aber versuchen Sie sich einmal vorzustellen, welche Verbindung zwischen ihnen bestanden haben muss. Sie waren die beiden Einzigen, die Gott geglaubt hatten, und sie hörten nie auf zu glauben.

Niemand auf der Erde erfuhr Gottes Güte so wie sie. Jetzt, in ihren letzten Tagen, erzählen sie der nächsten Generation die Geschichte von ihrem vertrauenswürdigen Gott.

Wenn der Herr will, dass Lisa und ich so lange leben, dann bete ich darum, dass wir auch diese Art der Kameradschaft haben. Ich bete darum, dass wir auf ein Leben voller Abenteuer zurückschauen und der nächsten Generation sagen können, sie soll unserem Beispiel folgen.

Nicht jeder nimmt ein gutes Ende. Wenige nur. Ein Freund von mir verließ kürzlich seine Frau für eine andere. Mich verblüfft daran, dass er in seinen späten Sechzigern ist und über 40 Jahre lang im Dienst für Gott war. Was soll das? Man ist Zentimeter von der Ziellinie entfernt und beschließt, anzuhalten und in die andere Richtung zu rennen? Der Satan lebt und es geht ihm derzeit gut. Seien Sie sich seiner Pläne bewusst. Ich habe erlebt, dass alte Männer und alte Frauen am Ende ihres Lebens dumme Entscheidungen trafen. Für diejenigen Leser, die im fortgeschrittenen Alter sind: Seien Sie nicht dumm. Sprinten Sie auf die Ziellinie zu. Legen Sie einen starken Schluss hin.

MANCHMAL LOHNT ES SICH ZU WARTEN.

Ich kann es kaum abwarten, den Himmel zu sehen.

Und das ist eins meiner größten Probleme. Es gibt Tage, an denen möchte ich nicht länger warten. Ich möchte den Trost jetzt, die Reichtümer jetzt, die Belohnungen jetzt.

Wir gehören zur ungeduldigsten Generation der ganzen Geschichte. Wir sind es so gewöhnt, alles sofort zu bekommen, dass es uns manchmal ärgert, wenn wir nur zehn oder zwanzig Sekunden warten müssen. Das ist ein echtes Problem, denn Gott fordert uns dazu auf, das Warten gut zu beherrschen. Christen sollen beim Warten eifrig und aufmerksam sein (Matthäus 25). Der Hebräerbrief sagt uns, dass Christus wiederkehrt, um die zu retten, „die sehnsüchtig auf seine Rückkehr warten" (Hebräer 9,28). Aber in Wirklichkeit sind wir richtig schlecht, wenn es ums Warten geht.

Es verblüfft uns, dass die Israeliten nicht einmal warten konnten, bis Mose vom Berg herabkam. Wir halten es für lächerlich, dass sie in ihrer Ungeduld Gold sammelten und ein Götzenbild herstellten, um es anzubeten (2. Mose 32). Es war ein dummer und kostspieliger Fehler, aber viele von uns tun genau das Gleiche! Wir können nicht warten, bis Christus wiederkommt, darum sammeln wir uns Reichtümer, um ein gefälschtes Paradies zu erschaffen. Wir versuchen uns mit unserer Familie in eine sichere Gemeinschaft zurückzuziehen und versorgen uns mit allem, was das Herz begehrt. Wir versuchen uns einen eigenen Himmel auf der Erde zu schaffen.

Viele Menschen entscheiden sich, Christen zu werden, weil sie denken, dass das Leben dadurch einfacher wird. Jesus warnt uns, dass das Leben dadurch jedoch weit schwieriger wird (Lukas 14,25-35). Paulus verheißt das Gleiche: „Jeder, der an Christus Jesus glaubt und ein Leben zur Ehre Gottes führen will, wird Verfolgung erleben" (2. Timotheus 3,12). Gottes Berufung geht weit darüber hinaus, Gottesdienste zu besuchen und nette Kinder großzuziehen. Wir befinden uns in einem Rennen, einem Kampf, einem Krieg. Wer sich entscheidet, Jesus nachzufolgen, hat sich zu einem Leben des Leidens verpflichtet. Die Lösung ist nicht, Anfechtungen auszuweichen, sondern in ihnen zu bestehen.

Aber wir können den Schmerz zu unserem Vorteil nutzen. Er kann uns an Folgendes erinnern: „Denn unsere jetzigen Sorgen und Schwierigkeiten sind nur gering und von kurzer Dauer, doch sie bewirken in uns eine unermesslich große Herrlichkeit, die ewig andauern wird!“ (2. Korinther 4,17). Der Schmerz in unserem Leben kann uns an die zukünftige Belohnung erinnern. Jedes Mal, wenn wir leiden, können wir Gott für dieses Versprechen auf eine bessere Zukunft preisen. Doch im Moment warten wir zusammen mit dem Rest der Schöpfung.

ÜBER DIE ZIELLINIE TRETEN

An welchem Punkt des Weges Sie auch sind – malen Sie sich aus, wie Sie dieses Leben beenden wollen. Wir treffen unsere besten Entscheidungen in der Rückschau, also stellen Sie sich vor, Sie stünden vor Gott. Wie hätte Ihr ideales Leben ausgesehen?

Ich für meinen Teil hoffe, dass ich ein Leben geführt haben werde, das voller Glauben und voller Opfer für sein Reich war. Ich hoffe, ich werde jedes Jahr im Glauben und im Mut gewachsen sein. Es wäre großartig zu wissen, dass ich während meiner Zeit auf der Erde bereitwillig Leiden und Ablehnung um Jesu willen ertragen hätte. Ich möchte auf keinen Fall vor ihm stehen und ein feiges Leben geführt haben. Ich möchte einer von denen sein, die mit Narben aus diesem Krieg hervorgehen – so wie Jesus.

Überlegen Sie sich ernsthaft, wie Sie vor den Thron treten wollen. Bewegt sich Ihr Leben derzeit in der richtigen Spur? Oder müssen

Sie einen Kurswechsel vornehmen? Lassen Sie sich nicht davon niederdrücken, wie viel Zeit Sie bereits vergeudet haben, und hängen Sie sich nicht zu lange an Fehlern der Vergangenheit auf. Machen Sie einfach den nächsten Schritt. Und behalten Sie das Ende im Auge.

Lisas und mein nächster Gehorsamsschritt war es, dieses Buch zu schreiben. Wir hoffen, dass wir Ehepaaren damit einen neuen Blickwinkel für ihr Leben schenken können.

Ich kann Ihnen nicht sagen, was Gott als Nächstes von Ihnen möchte. Es wäre ratsam für Sie und Ihren Ehepartner, ausgedehnte Zeiten im Gebet zu verbringen. Bitten Sie Gott, Sie dorthin zu führen, wo er Sie haben will. Wenn Sie dann immer noch feststecken, fangen Sie einfach dort an, wo Sie gerade sind.

In Apostelgeschichte 1,8 sagt Jesus seinen Nachfolgern, dass der Geist sie befähigen wird, seine Zeugen zu sein – „in Jerusalem, in ganz Judäa, in Samarien, ja bis an die Enden der Erde“. Natürlich handelte Gott auf einzigartige Weise durch diese ersten Jünger. Aber es ist bezeichnend, dass sein Plan für sie in ihrer eigenen Umgebung begann – Jerusalem – und sich dann von dort ausbreitete. Dies ist vielleicht ein unangenehmer erster Schritt für Sie, aber denken Sie darüber nach, zusammen durch Ihre Nachbarschaft zu gehen. Beten Sie für jedes Haus, an dem Sie vorbeikommen. Ich glaube, das Ergebnis wird Sie überraschen, wenn Sie im Glauben beten. Bitten Sie Gott um Gelegenheiten, das Evangelium weiterzugeben, und nutzen Sie die Chancen, die er Ihnen eröffnet.

Die Zeit vergeht wie im Flug und sie vergeht jedes Jahr schneller. Also zögern Sie nicht. Stellen Sie sich Ihr Alter in Stundenkilometern vor. Wenn Sie sieben sind, kommt es Ihnen vor, als bewege sich Ihr Leben mit sieben Kilometern in der Stunde fort. Es fühlt sich an, als würden Sie nie acht werden. Wenn Sie in Ihren Zwanzigern und Dreißigern sind, fangen die Jahre an schneller zu vergehen. Wenn man dann 50 oder 60 ist, wird es schon schwierig, immer im Kopf zu haben, in welchem Jahr man sich befindet. Und sobald man darüber hinaus ist, fährt man auf der Überholspur. Sie sollten dieses Buch einfach hinlegen und anfangen zu sprinten. Wie bei dem Spiel mit der „heißen Kartoffel" sollten Sie sich so schnell wie möglich von Ihren Besitztümern befreien. Investieren Sie alles, was Sie können, in das Reich Gottes. Ihr Leben kann jede Minute vorbei sein und Sie werden es bereuen, sich an Dinge geklammert zu haben, die Sie nicht behalten können.

SCHLUSS

Es ist üblich, ein Buch mit dem wichtigsten Gedanken zu beenden, damit er beim Leser hängen bleibt. Wir glauben, dass wir dieses Buch nicht stärker abschließen können als mit einem Gebet. Hier ist also unser Gebet für unsere Ehe und für Ihre. Wir ermutigen Sie von Herzen, es gemeinsam zu beten:

> *Gott, hilf uns, dich zutiefst zu lieben und große Ehrfurcht vor dir zu haben.*
> *Lehre uns, wie wir uns gegenseitig lieben können – um deinetwillen.*
> *Möge in der Art, wie wir miteinander umgehen, die Demut Christi sichtbar werden.*
> *Zeige uns, wie wir uns aneinander freuen können, ohne deinen Auftrag zu vernachlässigen.*

Erinnere uns an die Kürze des Lebens, damit es uns ein dringendes Anliegen ist, deine gute Nachricht weiterzugeben.
Erinnere uns an den Himmel, damit wir Ablehnung und Anfechtungen gern auf uns nehmen.
Wenn wir uns zu lange niederlassen, gib uns einen Schubs, damit wir wieder losrennen.
Wenn wir anfällig für Streit sind, dann lehre uns, gemeinsam zu kämpfen und für dich zu streiten.
Wenn wir versucht sind davonzulaufen, bring du Umkehr und Erneuerung.
Mögen wir unsere Tage der Ehe damit zubringen, uns gegenseitig zu erinnern – an deine Herrlichkeit, dein Evangelium, deine Liebe, deine Macht, deinen Auftrag und deine Verheißungen für die Zukunft.
Amen.

Danksagung

Dieses Projekt ist komplett in Teamarbeit entstanden. Filmemacher, Cutter, Produktionsteams, Schauspieler, Web-Entwickler, App-Entwickler, Marketingfachleute, Designer und Musiker haben buchstäblich Tausende von Stunden investiert.

Wir bedanken uns besonders bei allen, die von dieser Botschaft so überzeugt waren, dass sie ihre Zeit und Mühe unentgeltlich dafür eingesetzt haben. Wir glauben, dass dies reichlich belohnt werden wird.

Es war überwältigend, mit einem so unglaublich talentierten Team zusammenzuarbeiten!

Kevin Kim – danke, dass du das ganze Projekt vom Anfang bis zum Ende koordiniert hast. Wir hätten uns nicht daran gewagt, wenn du nicht die Leitung übernommen hättest. Du bist unser Held.

Liz Matthews – du bist ein Naturwunder. Assistentin, Buchhalterin, Babysitterin … all diese Aufgaben hast du ausgefüllt und bist zu einem Teil unserer Familie geworden. Und du hast es mit Kevin, dem Sklaventreiber, ausgehalten. Wir lieben dich.

Julie Chow – danke, dass du wirklich alles im Auge behalten hast, was mit der Herausgabe dieses Buches im Selbstverlag zu tun hatte. Du bist unglaublich. Ich werde hier ein par Wörtter falsch schraiben, nur um dich zu nerfen.

Shawn Gordon, Tony Mattero, Nate Hanson, Alejandro Cortes, Marcus Bailey, Billy Wark, Kevin Sheddon, Atoo Sakhrani, Marcus Hung – danke, dass ihr so großartige Pastoren seid, dass ihr die Menschen liebt und wir gemeinsam an der Arbeit sind.

An all die Männer im *Project Bayview:* Wir lieben euch und können kaum glauben, wie sehr Gott euer Leben verändert hat.

Jessica Henry – danke für deine Ermutigung und die unzähligen Arbeitsstunden. Danke für deinen gewaltigen Einsatz, mit dem du dazu beiträgst, dass junge Frauen auf der ganzen Welt befreit werden.

Dann Petty – danke für die Gestaltung des Covers und für deine Geduld mit einem Dutzend Amateuren, die sich alle paar Tage in deine Arbeit eingemischt haben.

Danke an Matthew Ridenour und das Marketingteam.

Danke an Chris Chiu, Chris Lee, Zack Johnston, Eyuel Tessema, Nati Tessema, Josh Pritchard und den Rest des Technikteams, mit dem wir eine wunderbare App und ein E-Book produziert haben.

Danke an all die unglaublichen Filmemacher, die mit ihren Kurzfilmen geholfen haben, unser Anliegen weiterzutragen und uns zu besseren Ehen zu inspirieren.

Danke an alle, die dieses Projekt durch Mund-zu-Mund-Propaganda unterstützt haben, um das Buch so weit wie möglich bekannt zu machen.

WEITERE TITEL VON FRANCIS CHAN

Francis Chan

Mein Leben als Volltreffer

Wen(n) Gottes geniale Liebe antreibt

Paperback · 176 Seiten

ISBN 978-3-940158-44-4

Gott ist Liebe.
Hast du dich je gefragt, ob wir nicht an etwas vorbeileben?

Es ist kaum zu fassen, wenn du darüber nachdenkst: Der Gott des Universums und der Galaxien – der Schöpfer von Stickstoff, Piniennadeln und E-Moll – liebt uns mit einer radikalen, bedingungslosen, aufopfernden Liebe.

Und was ist unsere typische Antwort? Wir gehen zur Gemeinde, singen Lieder und versuchen nicht zu fluchen. Ob du es wahrhaben willst oder nicht … wir alle wissen, dass etwas nicht stimmt.

Gibt es tief in deinem Herzen etwas, das aus diesem gegenwärtigen Zustand ausbrechen möchte? Sehnst du dich nach echtem Glauben, der den Problemen unserer Welt mit handfesten, ja sogar radikalen Lösungen begegnet? Gott beruft dich in eine leidenschaftliche Liebesbeziehung mit ihm selbst. Denn die Antwort auf religiöse Selbstgefälligkeit ist nicht, noch mehr an einer Liste von Geboten und Verboten zu arbeiten – sondern sich in Gott zu verlieben. Und wenn du so einer Liebe, wie Francis sie beschreibt, begegnest, wirst du nie mehr derselbe sein.

Wenn du in jemanden richtig verliebt bist, verändert sich alles.

Francis Chan

Der unterschätzte Gott

Den Heiligen Geist neu entdecken

Paperback · 128 Seiten

ISBN 978-3-940158-45-1

Das Neue Testament spricht ganz selbstverständlich vom Heiligen Geist und dem, was er im Leben der ersten Christen getan hat. Doch was wir über die Werke und die Kraft des Heiligen Geistes in der Bibel lesen, findet kaum Eingang in unsere Gemeinden oder unser persönliches Leben.

Wir haben die dritte Person der Trinität vernachlässigt. Haben wir Angst vor dieser uns eher unbegreiflichen, unbekannten Seite Gottes?

Francis Chan ermutigt uns, Gottes Geist und seine Kraft wieder neu zu entdecken und in Anspruch zu nehmen. Dabei geht er Fragen nach wie:

› Wie wird der Heilige Geist in der Bibel beschrieben?
› Was tut der Heilige Geist?
› Wie kann ich mich für eine lebendige Beziehung mit ihm öffnen?

Kurze Porträts von Persönlichkeiten wie Joni Eareckson Tada, Francis Schaeffer u. a. geben Einblicke, wie der Heilige Geist im Leben von Menschen wirkt und ihnen hilft, all das zu werden, was Gott in ihnen sieht.

WEITERE TITEL ZUM THEMA EHE/FAMILIE

Eric Wilson

Liebe braucht Helden

Roman nach dem Film FIREPROOF

Paperback · 304 Seiten

ISBN 978-3-940158-54-3

Es ist eine actiongeladene Liebesgeschichte über einen Feuerwehrmann, seine Frau ... und eine Ehe, die es wert ist, gerettet zu werden.

Bei seiner Arbeit lebt Captain Caleb Holt nach dem Motto der Feuerwehrmänner: Lass nie deinen Partner zurück. Doch zu Hause folgt er seinen eigenen Regeln. Nach sieben Jahren haben er und seine Frau sich so weit auseinandergelebt, dass Catherine sich wünscht, sie hätten nie geheiratet. Als sich eine Scheidung anbahnt, fordert Calebs Vater ihn heraus, über 40 Tage ein Experiment durchzuführen, das er „Das Wagnis der Liebe" nennt. Caleb ist sich nicht sicher, ob es der Mühe wert ist, doch er willigt ein. Schließlich fragt er seinen Vater voller Frustration: „Wie soll ich jemand Liebe zeigen, der mich ständig zurückweist?" Als sein Vater ihm erklärt, dass das die Liebe ist, die Gott uns zeigt, fasst Caleb einen Entschluss, der sein Leben verändert. Und – mit Gottes Hilfe – beginnt er zu verstehen, was es bedeutet, seine Frau wirklich zu lieben. Doch wird es ihm noch gelingen, seine Ehe vor dem Feuer zu schützen? Sein Job ist es, andere zu retten. Jetzt ist Caleb Holt bereit für die schwerste Aufgabe seines Lebens – das Herz seiner Frau zu retten.

INKLUSIVE BONUS-MATERIAL:

EINE PERSÖNLICHE BOTSCHAFT DER KENDRICK-BRÜDER

DISKUSSIONSFRAGEN

DAS MAKING-OF VON FIREPROOF

AUFNAHMEN AUS DEM FILM

Stephen Kendrick und Alex Kendrick

40 Tage Liebe wagen

(Bekannt aus dem Film **FIREPROOF**)

Eine Anleitung, wie du deine Partnerschaft positiv verändern kannst

Paperback · 288 Seiten

ISBN 978-3-940158-40-6

Mit über fünf Millionen verkauften Exemplaren in fast zwei Dutzend Sprachen hat ***40 Tage Liebe wagen*** Paare auf der ganzen Welt mit auf eine ganz besondere Reise genommen. Diese Reise hat unzählige Menschen verändert und begeistert, sie hat Ehen gerettet.

Denn obwohl sich Paare an ihrem Hochzeitstag ewige Liebe und Treue versprechen, sieht die Realität oft anders aus – und romantische Hoffnungen enden in bitteren Enttäuschungen. Aber das muss nicht so sein!

Wie man lieben lernt, ohne Bedingungen zu stellen, sagt dieses Praxisbuch. Es fordert Ehemänner und Ehefrauen auf, das große Wagnis der Liebe einzugehen – ganz gleich ob ihre Ehe nur noch am seidenen Faden hängt oder ob sie gesund und stark ist.
40 Tage lang stellen sich Männer und Frauen den Aufgaben, die ihnen zu mehr Intimität, Glück und tieferer Freundschaft in ihrer Ehe verhelfen können.

Bist du bereit für dein eigenes Ehe-Abenteuer?

Die Neuausgabe des Buchs aus dem Erfolgsfilm FIREPROOF – von den Autoren komplett überarbeitet und mit vielen zusätzlichen Materialien.

Fawn Weaver

Ja, ich will! Und das für immer

*frau sucht. und findet.
eheglück weltweit*

Paperback · 304 Seiten
ISBN 978-3-940158-50-5

**Eine Frau reist um die Welt.
Ihre Mission: glückliche Ehepaare finden.**

Ist die Ehe ein Auslaufmodell, eine gesellschaftliche Lüge? Die „Desperate Housewives" machen das glauben, auch etliche Nachmittags-Talkshows, Bücher und Magazine.

Dazu die Scheidungsrate und die Klagen aus dem Bekanntenkreis ...

Für Fawn Weaver war das Maß irgendwann voll. Seit 2010 sucht die begeisterte Ehefrau mit ihrem Happy Wives Club auf der ganzen Welt nach Gleichgesinnten. Jetzt erzählt sie von ihrer Reise zum Eheglück: Auf sechs Kontinenten und in zwölf Ländern teilen Ehefrauen das Geheimnis ihrer Beziehung mit ihr. An ihrer Seite laufen wir durch italienische Straßen, genießen traumhafte Aussichten in Neuseeland, besuchen Südafrika, England, die Philippinen und Argentinien. Mit ihr hören wir wahre Lebens-, Liebes- und Ehegeschichten aus den unterschiedlichsten Kulturen. Es sind Geschichten, die offenbaren, was Paare auf der ganzen Welt zusammenhält.

Ein Buch mitten aus dem Leben, ein Buch, das Mut macht für die eigene Ehe. Denn gute Ehen sind unter uns – wenn wir nach ihnen suchen.

Stephen Kendrick und Alex Kendrick

40 Tage Liebe wagen FÜR ELTERN

Paperback · 288 Seiten
ISBN 978-3-940158-41-3

Es gibt 6 575 Tage Gelegenheit, sich ins Herz eines Kindes zu lieben.

Kaum etwas ist für Eltern schöner als eine gute, intensive Beziehung zu ihren Kindern. Und zu erleben, dass Liebe und Werte in ihrem Leben tiefe Wurzeln schlagen.

Zu beidem verhilft ***40 Tage Liebe wagen für Eltern:*** Es leitet Eltern an, Liebe konkret und kompromisslos in die Tat umzusetzen, und ihre Kinder zu prägen, solange sie dafür offen sind.

40 Tage lang stellen sich Eltern besonderen Aufgaben. Sie loben ihr Kind, unter vier Augen und vor anderen. Sie feiern einen Abend lang gutes Benehmen. Sie beten um weise Internetregeln. Sie bitten ihre Kinder um Verzeihung. Sie sprechen mit ihnen über Jesus und über ihre Freunde. Und sie hören einfach nur zu.

Jedes Kapitel führt kurz und alltagstauglich in ein Thema ein und wird sofort praktisch. Denn nur was Eltern tun, kommt direkt und unmissverständlich im Herzen ihres Kindes an – an jedem der 6 575 Tage von der Geburt bis zur Volljährigkeit.

Dr. Kevin Leman

Die Rebellen bändigen

Mit Strategie in die Kindererziehung

Paperback · 304 Seiten
ISBN 978-3-940158-37-6

Besser als Haare raufen: Wie man Herz und Hirn kleiner Aufständischer erreicht, weiß Psychologe und Bestsellerautor Dr. Kevin Leman.

Für Eltern, die ihr Kind lieben und die Hosen anbehalten wollen, hat er wirksame Praxistipps. Damit Sie die Eltern sein können, die Sie immer sein wollten.

Extrateil ***Fragen Sie Dr. Leman:*** Wirkungsvolle Ratschläge für über 100 der heißesten Themen für Eltern!
Darunter: Wie Sie den Kampf um die Schlafenszeit gewinnen, wie Sie mit Lügen und frechen Antworten umgehen und wie Sie bei Streitsucht und Geschwisterrivalität die Oberhand behalten.